D1754449

Hans Haid

Vom Alten Handwerk

HANS HAID

Vom Alten Handwerk

ROSENHEIMER

Die verwendeten Zeichnungen und Abbildungen stammen aus folgenden Publikationen – mit Angabe der Seiten:
URBAN, Wegweiser (10); Icamuni alla radici della civilta Europea (11, 12, 13); NEUGEBAUER, Österreichs Urzeit (14); GASSER, Trappeln... (19,20); Katalog AMBROGIO (22, 32); Breviario GRIMANI (30); Bibliotheca Marciana, Venezia (30); Simon BENNING, Monatsbild August (31); Katalog Museum Schloß Bruck-Lienz (61, 62, 63); Ticino com Era (68); NITSCHE, Österr. Lyrik (79); Katalog Holzbaukunst Vorarlberg (92, 93); Vom Tagwerk der Jahrhundertwende (109, 123, 124, 164, 168, 212); Dai monto alla Laguna (159, 160); Katalog 991 Fiera di sant'Orso (214, 215); Lechtal-Kalender 1990 (174, 238); Jost AMMAN, Das Ständebuch (21, 39, 49, 50, 67, 82, 111, 127, 145, 161, 169); UHLIG, Schwabenkinder (129, 180).

Wir danken allen Verlagen, Herausgebern, Autoren und Fotografen.

Für die zur Verfügung gestellten Fotos danken wir folgenden Fotografen – mit Angabe der Seiten:

Gianfranco BINI (99, 100, 101, 102, 103, 105, 107, 134, 143, 158, 178, 206, 221)
Gianni BODINI (16, 17, 18, 23, 24/25, 26, 27, 36, 54, 83, 84, 85, 86, 88, 89, 90, 91, 94, 95, 96, 104, 112, 113, 115, 116, 119. 120, 121, 125, 126, 128, 129, 130, 131, 138, 139, 141,142 148, 149, 150, 151, 152, 153, 155, 156, 157, 165, 170, 171, 175, 176, 177, 179, 180, 181, 182, 183, 184, 186, 187, 188, 189, 190, 191, 192, 193, 195, 196, 197, 198, 199, 200, 201, 208)
Edoardo DULEVANT (140, 141, 179, 222 und Umschlagseite 4)
Peter FREIBERGER (69)
Jean-Jaques GREZET (202, 203)
Barbara HAID (114, 117, 118, 216, 217, 218, 219, 225, 226, 227, 228)
Josef HUBER (40/41, 42/43, 44, 45, 47, 55, 56, 57, 137, 147, 173, 237, 238, 242)
Kajus PERATHONER (97, 133, 163, 165, 205, 207, 209. 210)
J. RAFFEINER (230)
Toni SCHNEIDERS (110)

© 1991 BY EDITION TAU,
DRUCK-, VERLAGS- UND HANDELSGESELLSCHAFT M. B. H.,
BAD SAUERBRUNN
UMSCHLAGENTWURF: GERRI ZOTTER, WIEN
TITELFOTO: ZEFA
TYPOGRAPHIE UND LAY-OUT: PETER FEIGL, WIEN
DRUCK UND BINDUNG: WIENER VERLAG, HIMBERG BEI WIEN
LIZENZAUSGABE 1991 FÜR DAS ROSENHEIMER VERLAGSHAUS
ALFRED FÖRG GMBH & CO. KG., ROSENHEIM

ISBN 3-475-52692-1

Inhaltsverzeichnis

7   **ÄLTESTE NACHRICHTEN & SPUREN**
- 9   DIE ÄLTESTEN HANDWERKE – HANDGEMACHTES AUF STEINEN, HILFSMITTEL & WERKZEUG
- 15   KAMPF GEGEN MÄUSE & MAULWÜRFE
- 21   ZAUBERKRAFT & GUTE SCHNEID

37   **HANDWERK HAT GOLDENEN BODEN**
- 39   BÄUERLICHKEIT & HANDWERK
- 58   ARBEIT & GERÄT

65   **SONDERLICHES VON VAGANTEN & WANDERHÄNDLERN**
- 67   WETZET DAS MESSER, FLICKET DIE PFANNEN, ZIEHET DEN KARREN
- 77   „SCHWABENKINDER", SKLAVENHANDEL, AUSBEUTUNG...
- 79   WANDERHANDEL & PROSTITUTION

81   **DIE MATERIALIEN**
- 83   HOLZ
- 111   STEIN/TON/ERDE
- 127   TEXTIL
- 145   METALL
- 161   LEDER
- 169   ALLERLEI

211   **WIEDERKEHR & CHANCE**
- 213   991 JAHRE FIERA DI SANT ORSO – SANKT-URSUS-MARKT IN AOSTA
- 223   HAUSA & SCHWEGLER
- 229   SCHINDELKLIEBER & SCHINDELMACHER
- 231   NEUE GENOSSENSCHAFTEN UND ALTE KOOPERATIONEN
- 233   DIE WIEDERGEWINNUNG DER ZUKUNFT
- 239   NACHTRÄGLICHE ANMERKUNGEN & GEDANKEN...

- 244   LITERATURVERZEICHNIS
- 246   PERSONENREGISTER
- 247   ORTSREGISTER
- 248   SACHREGISTER

DANKEN

möchte ich den Mitarbeitern, vor allem den Fotografen.
Gianni *BODINI* war für dieses Buch in den Alpen unterwegs.
Ihm und seinen Forschungen verdanke ich viele Hinweise.
Die italienische Sichtweise im Fotografieren ist seine Spezialität.
Er hat einen ähnlichen Blickwinkel wie der ebenfalls
großartige Gianfranco *BINI* aus Biella im Piemont.
Diesem verdanke ich das Thema des Buches.
Von seinen vielen Büchern, Bildbänden und
Fotodokumentationen wurde ich entscheidend angeregt.
Ich danke diesem Alpenfotografen, dessen Bücher
kaum im deutschen Sprachraum bekannt sind.
Drei seiner Bücher „*Dort oben die Letzten*"
(als einziges auf Deutsch), „*Solo le pietre sanno*"
und „*Fu tempo nostro*" sind insgesamt
zehn Kilogramm gebündelte Schönheit, Poesie und Kraft.
Danken will ich auch Pietro *BIANCHI* und
Barbara *HAID* für etliche Recherchen im Tessin und in Kärnten.
Einem der wenigen Fotografen mit der ganz
anderen Sichtweise der Dinge, Josef *HUBER* in Kufstein,
danke ich für die schwarz-weißen Menschendarstellungen.
Ich danke dem ALTEN HANDWERK,
den Handwerkern und Meistern,
den strickenden, arbeitenden Menschen,
den schönen Dingen im Leben...

ÄLTESTE NACHRICHTEN & SPUREN

Von Felszeichnungen und Felsmalereien
und den ältesten Darstellungen von
Hand-Werk-Zeugen und Hilfsmitteln.
Von Rad, Wagen, Pflug und Schiff.
Von Bildsymbolen der Vorzeit
und der ältesten Verwendung von
Stein, Knochen und Erde.

Die ältesten Handwerke – Handgemachtes auf Steinen, Hilfsmittel & Werkzeug

Pflug, Rad, Hacke, Beil, Wagen gehören zu den ältesten Handwerksdarstellungen. Das sind die ältesten Hilfsmittel des Menschen, die Arbeit der Hände zu erleichtern, große Lasten zu transportieren, die Fortbewegung zu verbessern.

Im Alpenraum gehören zu den ältesten dargestellten Handwerkszeugen Pflug, Beil und Hacke. Auf Felszeichnungen der Val Camonica lückenlos von 5 000 v. Chr. durch fünf Jahrtausende bis Christi Geburt.

Ab ungefähr 2 800 v. Chr. sind Darstellungen des Rades und des Wagens im Alpenraum bekannt. Auch hier auf Felszeichnungen der Val Camonica.

Die Erfindung von Rad und Wagen als zwei der ältesten und wichtigsten Werkzeuge und Hilfsmittel des Menschen wird im Raum Schweiz-Österreich in die Zeit zwischen 3 300 und 2 500 v. Chr., also in die Eisenzeit datiert und hängt mit der Erfindung der Metallverarbeitung zusammen.

Die ältesten Nachweise über das Vorhandensein von Rad und Wagen sind im Zwischenstromland, in Mesopotamien gelungen. Dort soll die Erfindung in das vierte Jahrtausend v. Chr. zurückreichen.

Am Zürichsee wurden 1976 originale Wagenreste mit zwei Scheibenrädern aus der zweiten Hälfte des dritten Jahrtausends v. Chr. gefunden.

Wesentlich älter sind Nachweise über die ersten, sehr einfachen WERKZEUGE des Menschen. Bis in die ältere Steinzeit, also in die Zeit ab 500 000 v. Christus, kann der Gebrauch der handwerklichen Hilfsmittel zurückdatiert werden.

500 000 Jahre Handwerk? 500 000 Jahre vom alten Handwerk?

Als wohl erstes Gerät außer dem Wagen, bei dem das Prinzip des Rades ausgenützt wird, gilt die TÖPFERSCHEIBE. Sie rotiert auf einer Achse und bringt die Voraussetzung, Geräte auf diese besondere Weise herstellen zu können. Es gilt als sicher, daß bereits im vierten Jahrtausend v. Chr. in Mesopotamien die Töpferscheibe zuerst nachweisbar ist.

In Österreich ist die Töpferscheibe seit der jüngeren Eisenzeit, also seit etwa 400 v. Christus nachgewiesen.

Aus der Hallstatt-Zeit (ca. 800 – 400 v. Chr.) stammen unter anderem Darstellungen einer Weberin und einer Spinnerin auf Grabgefäßen. Dort sind ganze Szenerien von Arbeitsvorgängen festge-

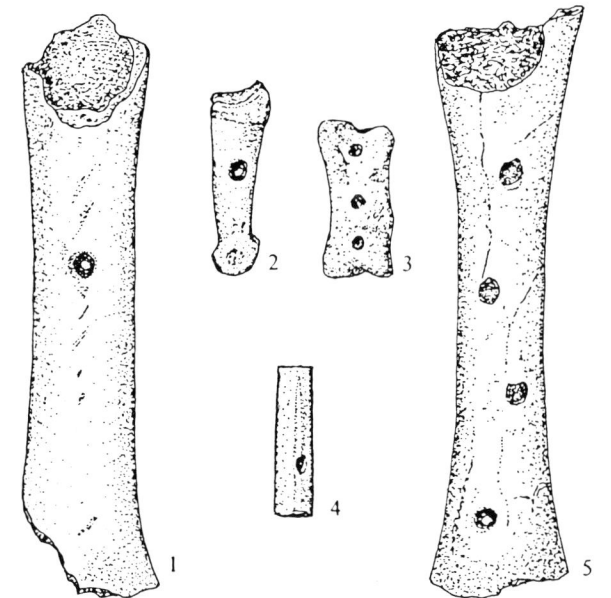

Älteste bekannte Musikinstrumente Österreichs – Knochenflöten aus jungpaläolithischen Fundplätzen:
1, 2 Salzofenhöhle bei Bad Aussee (Steiermark),
3 Oberflächenfund aus Stillfried an der March (Niederösterreich), Datierung ungeklärt,
4 Gudenushöhle bei Hartenstein (Niederösterreich),
5 Lieglloch auf der Tauplitz (Steiermark);
Maßstab etwa 1:2 (nach M. Mottl und O. Seewald).

Interessant sind verschiedene altsteinzeitliche Musikinstrumente: Schwirrhölzer, flache, lanzettförmige Knochen, die an einer Schnur oder Sehne befestigt in der Luft rasch über dem Kopf geschwungen wurden und dabei ein singendes, surrendes Geräusch erzeugten, sind uns ebenso wie durchbohrte Knochenflöten bekannt. Diese Aerophone wurden wohl nicht nur bei der Jagd zum Treiben der Tiere verwendet, sondern auch bei Festen am Lagerfeuer.
Völkerkundliche Beobachtungen lassen vermuten, daß der Klang auch Geister vertreiben sollte.

halten, solche der Weberinnen, der Spinnerinnen, von vierrädrigen Wagen, Jagden und Tänzen bis zu Faustkämpfen.

Diese hochgelobte und überaus interessante Hallstatt-Zeit gilt für mich als eine der friedvollsten Perioden der Geschichte, eine solche des Handels und der Kunst, der Poesie und der Musik, der alten Handwerke und der alpenweiten Kommunikation. Es ist auch die große Zeit der MUTTER-Gottheiten, der lokalen und überregional bedeutsamen ERD-MÜTTER, von der Noreia über die Matreia und Veldidena zur Madrisa und Räthia.

„Als Gott eine Frau war" habe ich das entsprechende Kapitel über diese Zeit und diese Kulte in meinem Buch „*Mythos und Kult in den Alpen*" genannt.
Dieses Bild des friedlichen Handelns und Handwerkens festigt sich.

Das ALTE HANDWERK hat zu einem beträchtlichen Teil seine Wurzeln und seine erste Perfektion in der HALLSTATT-Kultur:
Weberinnen, Spinnerinnen, Strickerinnen werken und arbeiten in nahezu unveränderter Technik seit fast 3 000 Jahren - soweit es den Alpenraum betrifft.

2 800

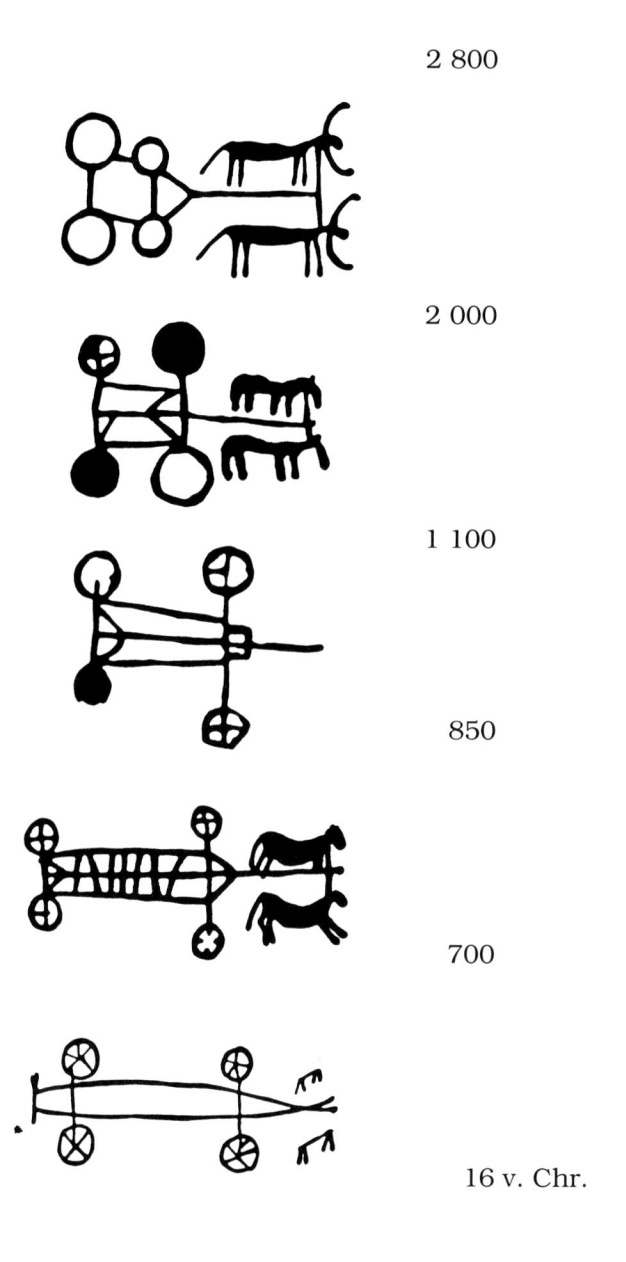

Mit der großartigen Erfindung des Rades war auch die Entwicklung des Wagens vorgegeben.

2 000

Schon seit 5 000 Jahren kennen wir dank der Felszeichnungen im Val Camonica/Italien Rad, Wagen und Doppelgespann zum Ziehen des Wagens.

1 100

Erkennbar sind verschiedene Typen der Räder und Wagen. Offenbar handelt es sich um Vollräder aus Holz, ebenso um solche mit Speichen, um einfachste Wagen ebenso um solche mit Flechtwerk.

850

700

In allen Fällen waren geschickte Handwerker vonnöten, um diese Fahrzeuge herzustellen.

16 v. Chr.

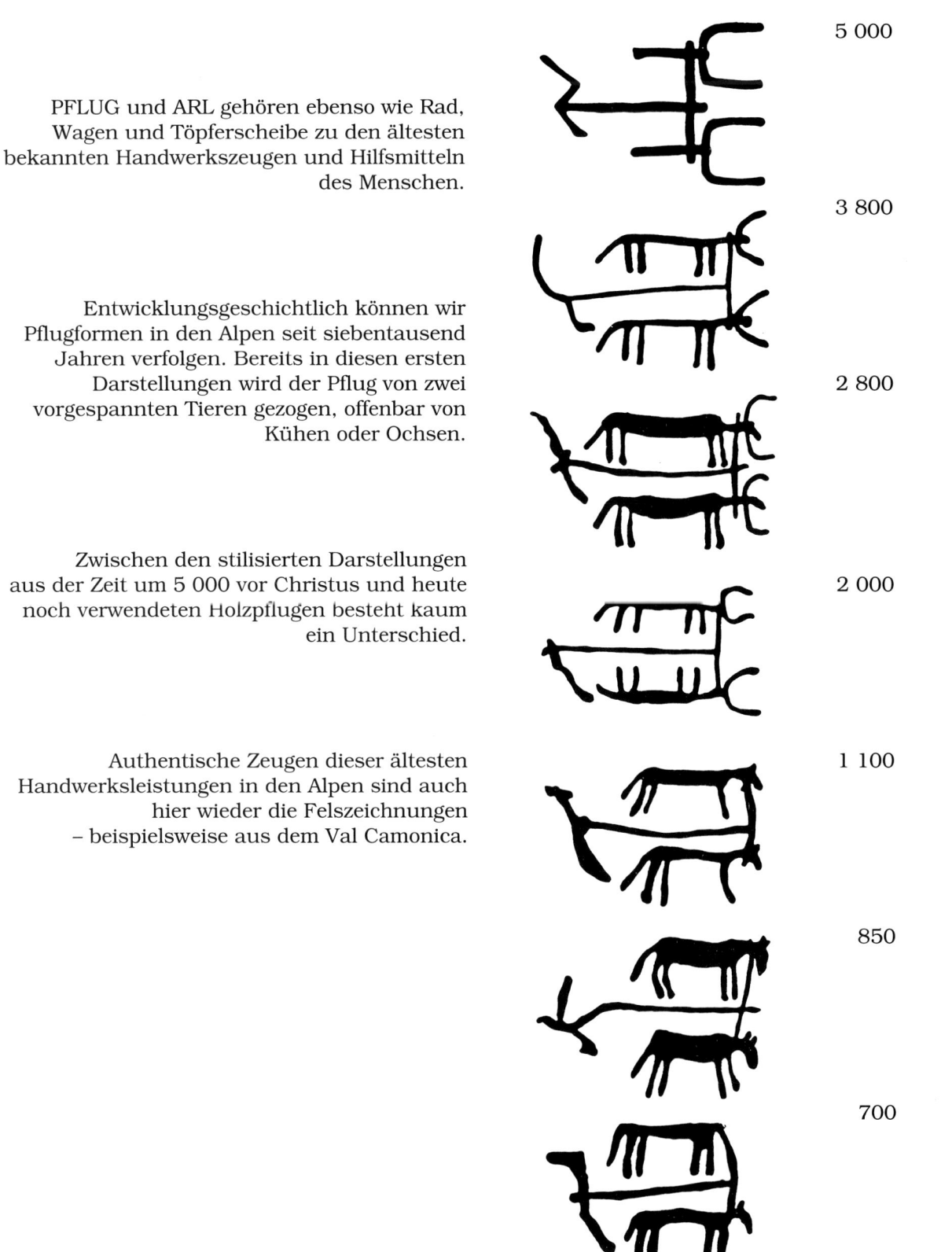

PFLUG und ARL gehören ebenso wie Rad, Wagen und Töpferscheibe zu den ältesten bekannten Handwerkszeugen und Hilfsmitteln des Menschen.

Entwicklungsgeschichtlich können wir Pflugformen in den Alpen seit siebentausend Jahren verfolgen. Bereits in diesen ersten Darstellungen wird der Pflug von zwei vorgespannten Tieren gezogen, offenbar von Kühen oder Ochsen.

Zwischen den stilisierten Darstellungen aus der Zeit um 5 000 vor Christus und heute noch verwendeten Holzpflugen besteht kaum ein Unterschied.

Authentische Zeugen dieser ältesten Handwerksleistungen in den Alpen sind auch hier wieder die Felszeichnungen – beispielsweise aus dem Val Camonica.

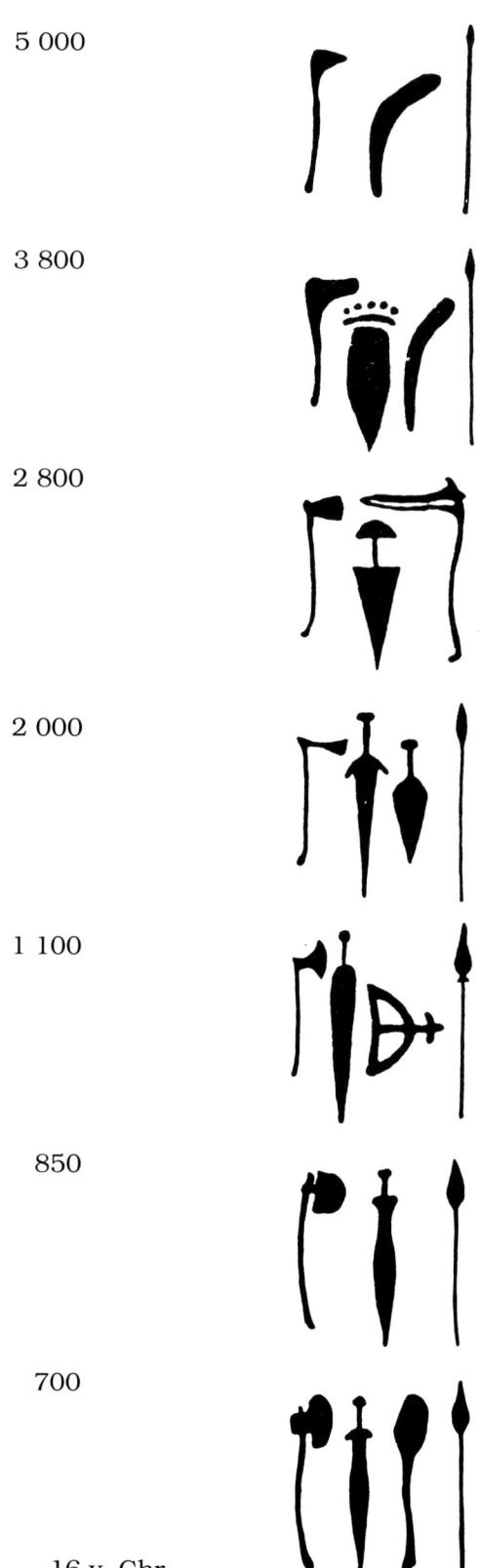

Ähnlich wie bei Rad, Wagen, Arl und Pflug verhält es sich bei anderen Handwerkszeugen und Hilfsmitteln der Menschheit:

Seit siebentausend Jahren sind diese Darstellungen von Beil, Hacke, Pfeil und Speer beredte Zeugnisse des Handwerks im Alpenraum.

Noch wesentlich älter sind vergleichbare Darstellungen aus anderen Teilen der alten Welt.

Wie hier bei den Darstellungen aus Felszeichnungen der Val Camonica sind solche Hilfsmittel auch auf Felszeichnungen anderer Regionen, auf Vasen, Situlen zu finden.

Mit der Erfindung von Bronze und Eisen wurden die Handwerksgeräte vielfältiger und differenzierter, als sie vorher bei Stein und Knochen sein konnten.

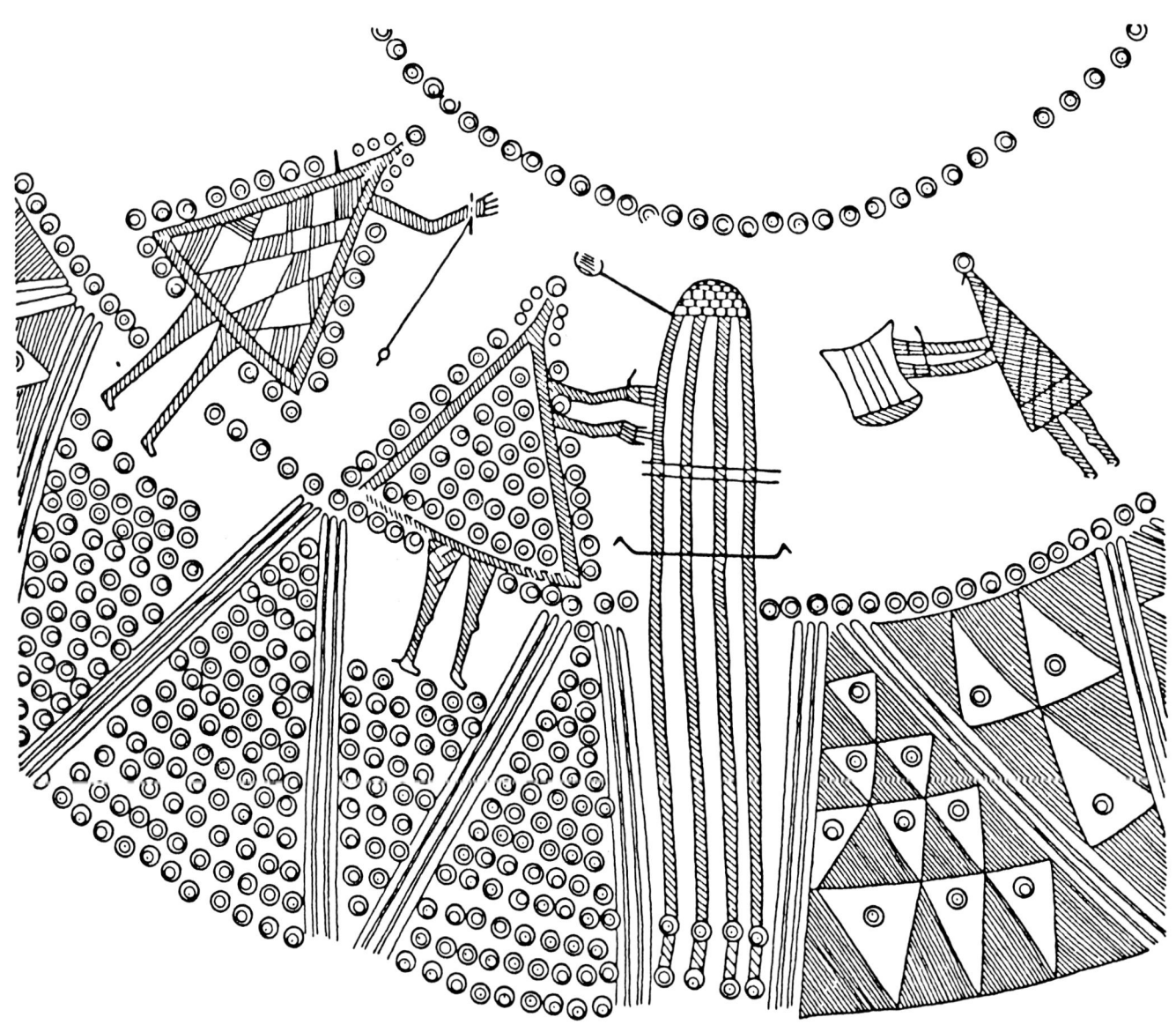

Aus der Hallstatt-Kultur (ca 800 – 400 v. Chr.)
stammt diese eindrucksvolle Darstellung
einer Weberin am Vertikalwebstuhl auf einem Gefäß,
das in der Nähe von Sopron/Ungarn gefunden wurde.
Links von der Weberin ist eine Spinnerin mit herabhängender Spindel dargestellt
und rechts eine Musikantin.
Die Weberin ist gerade damit beschäftigt, den Schußfaden durch die
mit Gewichten nach unten gespannte Kette zu ziehen.
Dreimal ist es weiblich bestimmtes Handwerk – einschließlich der Musikantin.

Kampf gegen Mäuse & Maulwürfe

Es ist ein merkwürdiger Beruf. In einigen Orten gehen noch die „FELDMAUSER" über die Felder und legen kleine Eisen aus, sammeln diese Eisen wieder ein, gehen zurück ins Dorf; ein Dutzend und mehr Mäuse und Maulwürfe sind tot. Die Bauern sind dankbar.

Handarbeit statt Chemie. Das ist eine Alternative. Da begab sich im Schweizer Ort Frankendorf im Baselbieter Land etwas Merkwürdiges: Der Gemeinderat hat 1983 einen Nachtragskredit von zweieinhalb bis sechstausend Franken beantragt, um die Kosten für den Gemeinde-Mauser finanzieren zu können. Der Kredit wurde, so hieß es aus Schweizer Kreisen, *„von den Stimmbürgern mit Begeisterung bewilligt, die frohe Kunde lief über die Ticker der Schweizerischen Depeschenagentur und fand in ausländischen Zeitungsspalten Eingang. Daniel KÄMPF erlangte für einen Augenblick internationale Beachtung, und sogar jenseits von im allgemeinen gut bewachten Grenzen erntete er ein Echo, wie ein Artikel in der größten ostdeutschen Tageszeitung beweist."*
(ARMIN/GREZET: Bodenständige Berufe, S. 69)

Im gleichen Jahr kam es in mehreren Schweizer Kantonen zu einer heftigen Diskussion um die immer zahlreicher auftretenden Feldmäuse. Chemie hatte Einzug gehalten. Sensible, umweltbewußte Bürger wandten sich gegen diese Chemikalien.

Also kam ein alter Beruf wieder zu Ehren. Der damals 15-jährige Daniel KÄMPF wurde von der Gemeinde Frankendorf angestellt.

Für den Anfang gab ihm der ehemalige Feldmauser zwei Dutzend Fallen und vieles aus der alten Erfahrung, die erfolgreichsten Tips und die besten Plätze.

In Tirol und zwar im Paznauntal, arbeitet seit mehr als 50 Jahren der nunmehr 83-jährige Ludwig FRITZ aus Kappl als Feldmauser.

Ludwig FRITZ stammt aus dem Montafon und hat von Vater und Großvater das Feldmauser-Wissen überliefert bekommen.

Am 19. April 1990 erschien über ihn ein längerer Beitrag in der Tiroler Bauernzeitung, und am 15. Mai 1991 brachte das lokale Fernsehen einen Bericht. In seinem Reisepaß steht „FELDMÄUSEFÄNGER".

Ludwig FRITZ, ein freundlicher und geselliger Mensch, lebt oben auf dem Kapplerberg und ist seit früher Jugend aktiver Musikant und Mäusefänger.

Schon im Jahre 1780 übte der Urgroßva-

Der Feld- bzw. Schermausfänger Ludwig FRITZ aus Kappl
im tirolischen Paznauntal bei der Arbeit.
Der „Scher" (talpa europaea) oder gemeine Maulwurf
(eigentlich Moltwurf von Molte = Erde, Staub)
hat seinen Namen von der Gepflogenheit, kreuz und quer in den Wiesen
Gänge zu graben, um zu seiner Lieblingsnahrung, den Regenwürmern,
Käfern, Engerlingen, Maikäferraupen zu gelangen.

Der Feldmausfänger legt die Falle in die Grube.
Ein bewährter Feld- und Schermausfänger kennt die Lage der Gänge und Löcher.
Etwa alle drei Stunden kommt der Scher aus einem Loch heraus,
um einerseits Luft zu schnappen und andererseits,
um die überflüssige Erde mit seinem Rüssel auszuwerfen.
Diese Art der Schermaus-Fängerei wird aus ökologischen Gründen
dem Ausstreuen von Chemikalien vorgezogen.
Im Zuge des immer weiter zunehmenden Umweltbewußtseins
könnte der Beruf des Feldmausers eine neue Renaissance erleben.

Bis zu 500 Mäuse, Schere und Maulwürfe bringt es ein versierter „Feldmauser" pro Tag.
Ludwig FRITZ im Paznauntal ist sicher einer der erfahrensten „Handwerker" seiner Art.
Nicht immer genossen die Feldmauser ein solches Ansehen.
Ludwig von HÖRMANN schreibt 1909:
„*Die Scherfänger sind eigentümliche Leute,
die in der Regel für etwas anderes nicht zu gebrauchen sind,
gewöhnlich ausgepichte Schnapsbrüder,
die den erworbenen Batzen sofort in das Wirtshaus
oder in den Branntweinladen tragen.*"
Die Felle der Schere wurden mitunter zu Geldbeutelchen verarbeitet.

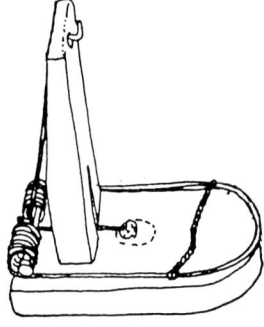
Torsionsklappfalle für Mäuse

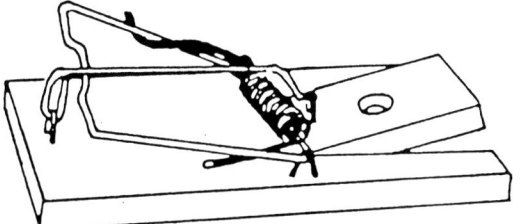
Torsionsschlagfalle für Mäuse

Verschiedene Beispiele von Maulwurfsfallen, Tirol

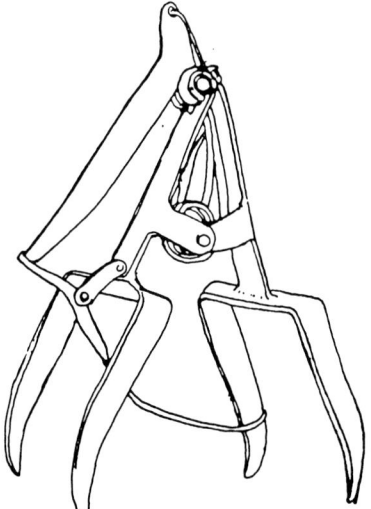
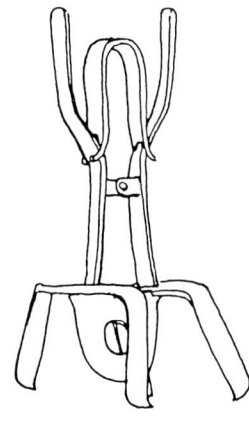

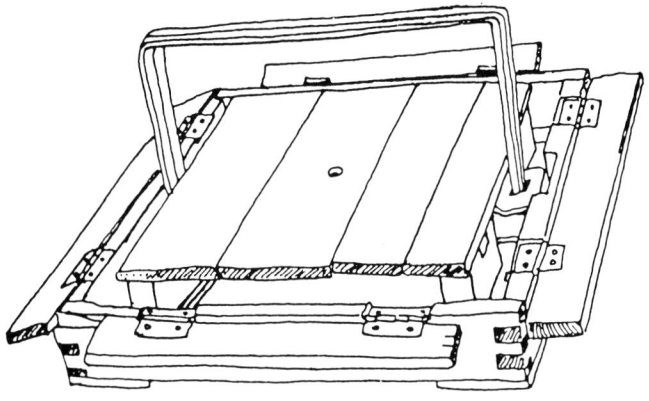
Kistenschlageisen, Pustertal

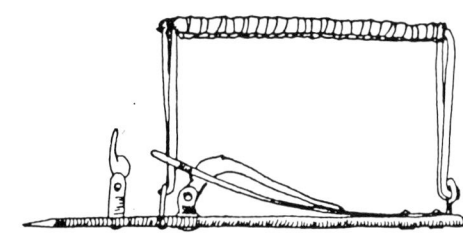
Pfahleisen mit umwickelten Bügeln, Pustertal

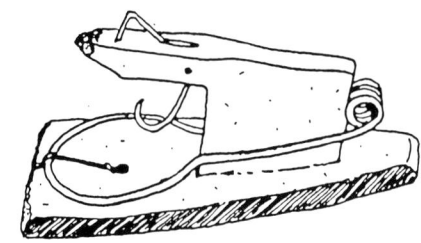
Torsionsschlagfalle für Mäuse, Krieglach, Steiermark

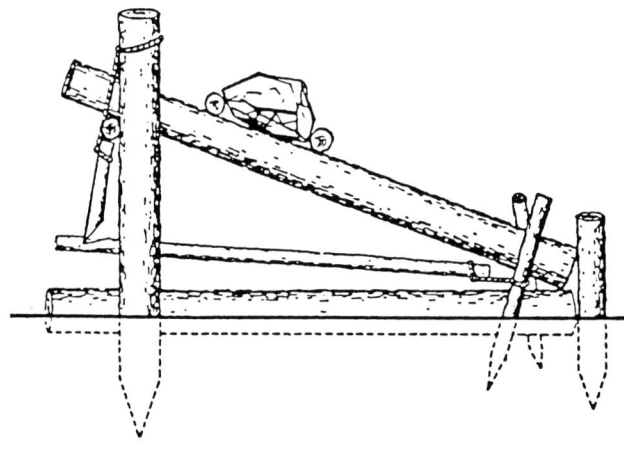
Einfacher Schlagbaum (nach Stach; Eiserhardt)

„Zunächst übernahmen auch die konzessionierten Schädlingsbekämpfer die Maulwurfsjagd. Einer der bekanntesten Vertreter dieser Berufsgruppe war Sebastian Unterholzer, vulgo Haiden Wast (1854–1937) aus Tscherms, der vor allem im Meraner Raum und im Burggrafenamt tätig war. In sieben Gemeinden hatte er „gegen Garantie" die Maulwürfe vollständig ausgerottet. Seine Erfahrungen und seine Mittel, die er zum Großteil selbst ausgetüftelt oder verfeinert hatte, veröffentlichte Unterholzner 1905 in einem eigenen Büchlein, das in recht anschaulicher Weise das Fangen und Vergiften von Insekten, Reptilien, Vögeln, Säugetieren, usw. schildert. Unterholzner, der selbst den Beruf des Ungeziefervertilgers in jahrelanger schwerer Arbeit erlernt hatte, war nicht nur ständig bemüht, seine Kenntnisse auf den neuesten Stand zu bringen, sondern auch interessiert, diese weiterzuverbreiten."

ter das Jagen nach Mäusen. Bereits als 15-jähriger fing Ludwig FRITZ die ersten Feldmäuse.

An bestimmten Stellen im Feld, wo die Gänge und Aufenthaltsorte der Mäuse vermutet werden, wird ein Loch gegraben und werden die Fallen eingelegt. In den besten Zeiten seiner Feldmäuserei brachte er es auf gut 500 Mäuse pro Tag. Auftraggeber sind meistens Gemeinden oder größere Betriebe, Hoteliers, Bauern, mit denen er Mehrjahresverträge abschließt.

Das Feldmausen muß im Frühjahr binnen fünf oder sechs Wochen und während eines Monats im Herbst erfolgen.

Das Werkzeug der Feldmauser ist die Falle aus Eisen. Die Tiere werden nicht gequält. Offenbar wird diese Art der Mäusevertilgung als tiergerecht angesehen oder zumindest toleriert.

Ein weiteres Hilfsmittel ist ein Stock, das „Pfadimesser" (wie es in der Schweiz heißt), mit dem im Boden gestochert wird, um Gänge ausfindig zu machen.

Bald nach seinem Start als offizieller, von der Gemeinde bestellter Feldmauser verfügte Daniel KÄMPF über mehr als 200 Fallen nach der klassischen Art.

Das ist eine kräftige Stahlfeder, deren Enden in zwei Haken auslaufen, zwischen die der an einem Kettchen hängende Stellring geklemmt wird.

Ein Tip für Fallensteller und Mauser:
„Wenn man das Loch über der gestellten Falle mit einem Grasziegel wieder abdeckt, muß man einen kleinen Schlitz freilassen, damit ein Lichtstrahl in den Gang fällt. Die so geblendete Maus übersieht dann die Falle leichter."

Zauberkraft
&
Gute Schneid

Von Sensenschmieden
und klingenden Zaubereien

Mit den Sensenklängen könne man Wetter machen und könne man Wetter bannen. Es können dies die Frauen genauso wie die Männer. Das allerwichtigste dabei ist das Dengeln der Sensen. Im Volksglauben, in alten Glaubensvorstellungen das gebräuchlichste Mittel der bäuerlichen Wetterzaubereien im Dengeln, im Klopfen, im weithin hallenden Tönen des Schlagens auf die Sensenblätter.

Magische Sensen-Musik drang durch die Lande, klang durch die Täler, klang bis hinauf zu den höchsten Bergen und hinein in die großen Dörfer der Handwerker und Beamten.

Draußen in den Bergdörfern ist es still geworden. Das Sensendengeln ist verhallt. Das Rattern der Traktoren ist ohne Zauber. Das Gedröhn der Mähmaschinen überfällt die ehemals stillen Berggebiete.

Die Sensenwetzer und Dengler haben (fast) ausgedient.

Der Zauber kann sich nicht mehr übertragen. Die Sensen werden kaum mehr benötigt. Wo die Mähmaschine nicht hinkann, darf der Sensenmäher aushelfen, kleine Wiesenstreifen am Rande des Baches, neben einem Felsblock. Der Hilfsdienst läßt keine Zaubereien zu.

Ganz alte und allerälteste, oft geheimnisvolle Zusammenhänge und Vorgänge stehen in Verbindung mit Sense und dem Wetzen der Sense.

Im Brauchtum der Alpenländer sind etliche Spezialformen überliefert.

Der Sensenschmidt.

Vil Sensen durch mich gschmidet sind/
Mit Hämmerschlagen/ schnell vñ schwind/
Die Dengel ich scharff ober dmaß/
Damit man mëht das grüne Graß/
Darauß denn wirt Grumaht vnd Hew/
Auch mach ich Sichel mancherley/
Darmit man einschneid das Getreid/
Durch alte Weiber vnd Bauwrn Meid.

In besonderer Weise gilt hier der Wert der Tradition und der Beständigkeit:
In der Sensenschmiede von AMBROGIO SIMONDI & FIGLI
wird noch immer der alte Prospekt aus den zwanziger-Jahren verwendet,
um den Kunden über die verschiedenen Typen
der Sensen und Sicheln informieren zu können.

Seit nachweisbar 400 Jahren werden in dieser Schmiede Sensen hergestellt.
Seit vier Generationen ist die Familie *SIMONDI* hier tätig.
Die Schmiede wird noch immer ausschließlich mit Wasserkraft betrieben.
Das ist eine absolute Rarität in den Alpen.
Es werden bis auf den heutigen Tag ausschließlich Sensen
und einige Sicheln hergestellt.
Die Schmiede befindet sich im kleinen Bergdorf Pradleves
in den südpiemontesischen Alpen.

Die „*Premiata Fabrica Falci*", die uralte Sensen- und Sichelschmiede
wird in wenigen Jahren wahrscheinlich ein Stück Geschichte sein.
Das Hämmern und Rauschen wird verklungen sein.
Ein Stück ALTES HANDWERK wird verschwunden sein und
damit sehr viel Wissen, Genauigkeit, Präzision,
Handwerks-Fleiß und Tradition.

Seite 27:
Ehemals war es in dieser Weise tausendfach überall an Flüssen anzutreffen:
das Zuführen des Wassers zu Esse, Mühle, Stampfe, Säge, Walke.
Immer mehr hat der elektrische Strom die Wasserkraft abgelöst.
Damit sind alte Rinnwerke, mitunter höchst komplizierte Meisterwerke
der Zimmermannstechnik abgelöst und der endgültigen Zerstörung preisgegeben.
Hier im piemontesischen Bergtal ist – noch – ein Stück Vergangenheit gegenwärtig;
zum Anschauen, Bewundern, Staunen und bald nur mehr zum Erinnern.

Seite 25:
In der Sensenschmiede *SIMONDI*.

Der Volkskundler Leopold SCHMIDT hat sich in einem umfangreichen Werk dieses Materials angenommen, hat höchst interessant, aber auch bemerkenswert spekulativ diese Vorgänge um Sense und Dengeln erforscht, interpretiert, dargestellt. Die *„Gestaltheiligkeit im bäuerlichen Arbeitsmythos"* (1952 in Wien erschienen) sind *„Studien zu den Ernteschnittgeräten und ihrer Stellung im europäischen Volksglauben und Volksbrauch"*.

Als eine spezielle Form der

SENSENMUSIK

gilt im norddeutschen Raum das *„Sensenstreichen"*. In den Alpenländern ist als Gegenstück das

BOCKFEILEN

überliefert. Wenn der Mäher (selten die Mäherin) die Sense aufrichtet und mit dem Wetzstein darüberstreicht, wird das Sensenblatt zum Erklingen gebracht. So wäre es üblich, und so ist es allgemein.
Aber das ist noch keine *„Sensenmusik"* und kein *„Bockfeilen"*.
Das zum Erklingen-Bringen erfolgt beim *„Bockfeilen"* auf eine besondere Weise, *„nämlich nicht durch das Anschlagen oder Streichen des Blattes von der Seite her, an der Schneide, sondern durch das Führen des Wetzsteins über den Sensenrücken. Das ergibt einen unangenehm kreischenden aber weithin hörbaren Ton. Üblich ist diese Sensenmusik bei der Heumahd, und zwar dann, wenn der Mäher rascher vorangekommen ist, als ihm die Heuwenderin folgen kann."*
Selbstverständlich sind zu diesem Thema merkwürdige und teilweise höchst erotische Sagen und Berichte überliefert. Wetzstein und Kumpf sind offensichtliche Symbole. Das Anlocken der Heu-Wenderin (Roderin) mit dem über die Sense streichenden Wetzstein, das Entnehmen des Wetzsteins aus dem mit Wasser (Feuchtigkeit) gefüllten Kumpf ließ die bäuerliche Phantasie nie zur Ruhe kommen.

Also hallte der Ton des BOCKFEILENS durch das Tal, über die Hänge, drang ganz hinauf in die Felsen.
In der Sagenwelt sind diese Stoffe vielfach und in zahlreichen Varianten aufzuspüren. So auch im Südtiroler Vintschgau:
„Vor alten Zeiten ging ein Vinschgauer auf seine Wiesen mähen. Er hatte schon eine ganze Strecke niedergemäht, und es erschien keine Roderin (Recherin). Da nahm er nun einen Wetzstein aus seinem Kumpfe, strich damit über den Rücken der Sense und der schrillernde Ton widerhallte in den benachbarten Gebirgen. Dieses Streichen heißt man RODERINNEN-LOCKEN und ist ein fast allgemeiner Brauch. Denn sooft ein Bursche, der ein Mädchen hat, diesen schrillernden Ton hervorstreicht, und es ein Mädchen hört, eilt es gleich dahin und streut ihm die schwellenden Mahden auseinander. Kaum hatte der Bauer also eine Weile gestrichen, so kam oben aus dem Gehölz ein wunderschönes Mädchen, ein SALIGFRÄULEIN, die Wiese herunter, lächelte den Bauern mit seinen herrlichen blauen Augen an, stellte sich emsig an die Mahden und streute sie auseinander. Voll Freude mähte der Bauer fort, und jedesmal, wenn der Bauer auf seine Wiese kam und mit dem schrillernden Ton die Roderin lockte, erschien das Mädchen, lächelte ihn an und half ihm getreulich."
So hat schon *A. J. HAMMERLE* in seiner 1954 erschienenen Sagensammlung dieses Thema ausgebreitet. Und ausgebreitet ist – im Sinne der Sage und der eroti-

schen Auslegungsarten – die schwellende Mahde. Der Bauer muß nur dazwischenkommen. Das Mädchen, offenbar verzaubert durch den Bockfeilen-Klang – gibt sich hin. Klar, daß in deutschtümlichen, also erneuerten Fassungen – wie hier im Vintschgau – blaue Augen und wennmöglich flachsblonde (germanische) Haare dazukommen. Die ältesten Älplerinnen, einem ganz und gar nicht deutsch-germanischen Volk entstammend, sind dunkel, schwarz, braun. Nie aber blond und blauäugig. So haben also – wieder einmal – Volkstümler umgefärbt und eingebläut.

Von Südtirol läßt sich dieser Brauch des Bockfeilens nach Osttirol, Kärnten, Oberösterreich verfolgen.

In Villgraten in Osttirol soll es bis nach dem Zweiten Weltkrieg üblich gewesen sein.

Aus dem Kärntner Nockgebiet hat Matthias Maierbrugger berichtet:

„Mehrere Mahden, die ‚Riggla‘ liegen schon am Boden, wenn die Mitza von der Hütte nachkommt. Kann sie mit dem Mahdenstreuen und Scheibenrechen nicht mehr folgen, so ärgert der Marknecht die Mitza mit dem ‚RIGGLARUFEN‘. Er fegt mit dem Wetzstein über den Sensenrücken, wodurch ein grausames Geräusch die stille Bergwelt erschreckt. Diesen Hohn läßt sich die Mitza nicht gefallen, und am nächsten Morgen füllt sie dem Sepp heimlich Seifenwasser in den Kumpf. Nun zieht sein Wetzstein nicht. Sepp muß seinen Kumpf mit frischem Wasser füllen…"

Neben Leopold SCHMIDT hat auch die Volkskundlerin Erika HUBATSCHEK diesen Brauch erforscht. Im Inneren Passeier, auf den Stulfser Mädern unweit des Jaufen heißt es „BÄR AUFMACHEN". Im Stubai, also in Nordtirol, fand sie den Ausdruck „HUND AU'GEIGN".

Abgesehen von den kultischen und erotischen Elementen in allen diesen Sagen und Überlieferungen ist eines klar:

Die Sense hat allergrößte Bedeutung im Wirtschaftsleben des Bergbauern. Die allerbest-geschliffene (gedengelte) Sense ist Inbegriff höchster Bauern-Qualität. Der beste Bauer ist nicht der größte und kräftigste Schinder und Viehhalter, sondern der mit der besten Schneide.

Schen långsåm, schen stad,
wia der Berglerbua maht –
an so an fein Schnitt
håt da Landtnerbua nit !
                        (Obersteiermark)

Ebenbürtig dem besonderen Geschick des Bauern mit der besten Schneid ist der Produzent der besten Sensen.
Die Kunst der

SENSENSCHMIEDE

gehört also zu den allerersten und von den Bauern am meisten geschätzten Fertigkeiten aller Handwerker.

Sensen und Sicheln werden bis in die Gegenwart in althergebrachten Werkstätten, von erfahrenen Handwerkern nach alten Mustern, Schablonen und Vorrichtungen hergestellt. Es sind nur mehr Relikte eines einst blühenden Gewerbes und Handwerks. Solche Zentren lagen unter anderem in der EISENWURZEN (Niederösterreich/Steiermark und Teilen von Oberösterreich), in Tirol, aber auch in südpiemontischen Bergtälern, immer an Orten mit Wasser. Das Zusammenwirken von Wasser und Handwerk hat einen beträchtlichen Teil des alten Handwerks überhaupt erst ermöglicht. Besonders Schmieden, Mühlen, Walken und Sägen wurden an Stellen errichtet, wo das vorbeifließende Wasser zugeleitet und über

„*DIE HEUMAHD*" aus dem Breviario G<small>RIMANI</small>
in der Bibliothek Marciana in Venedig.
Die Art des Heumähens, das Aussehen der Sensen, der Rechen,
des Umwendens und Ausstreuens der Heumahden
hat sich in mehreren hundert Jahren kaum geändert.
Solange Heumahd und Heuernte ausschließlich
händisch betrieben wurden und noch immer auf alte Weise
betrieben werden, hat sich kaum eine technologische Änderung vollzogen.
Es läßt sich eine mehr als viertausend Jahre dauernde Kontinuität nachweisen.

Monatsbild vom August aus dem Kalender
in einem flämischen Gebetbuch,
hergestellt von Simon BENING (1483–1561).
In der Bayerischen Staatsbibliothek München.
Die Methode, mit der Sichel das Getreide zu schneiden und die Art,
die am Boden liegenden Ähren zu binden,
ist ebenso jahrhundertelang gleichgeblieben wie die Form der Sense,
wie die Form der Sichel und die Art,
das Getreide auf „Mandln" zu trocknen.

Aus der Kollektion der Sensenschmiede *Simondi* im kleinen piemontischen Bergdorf Pradleves

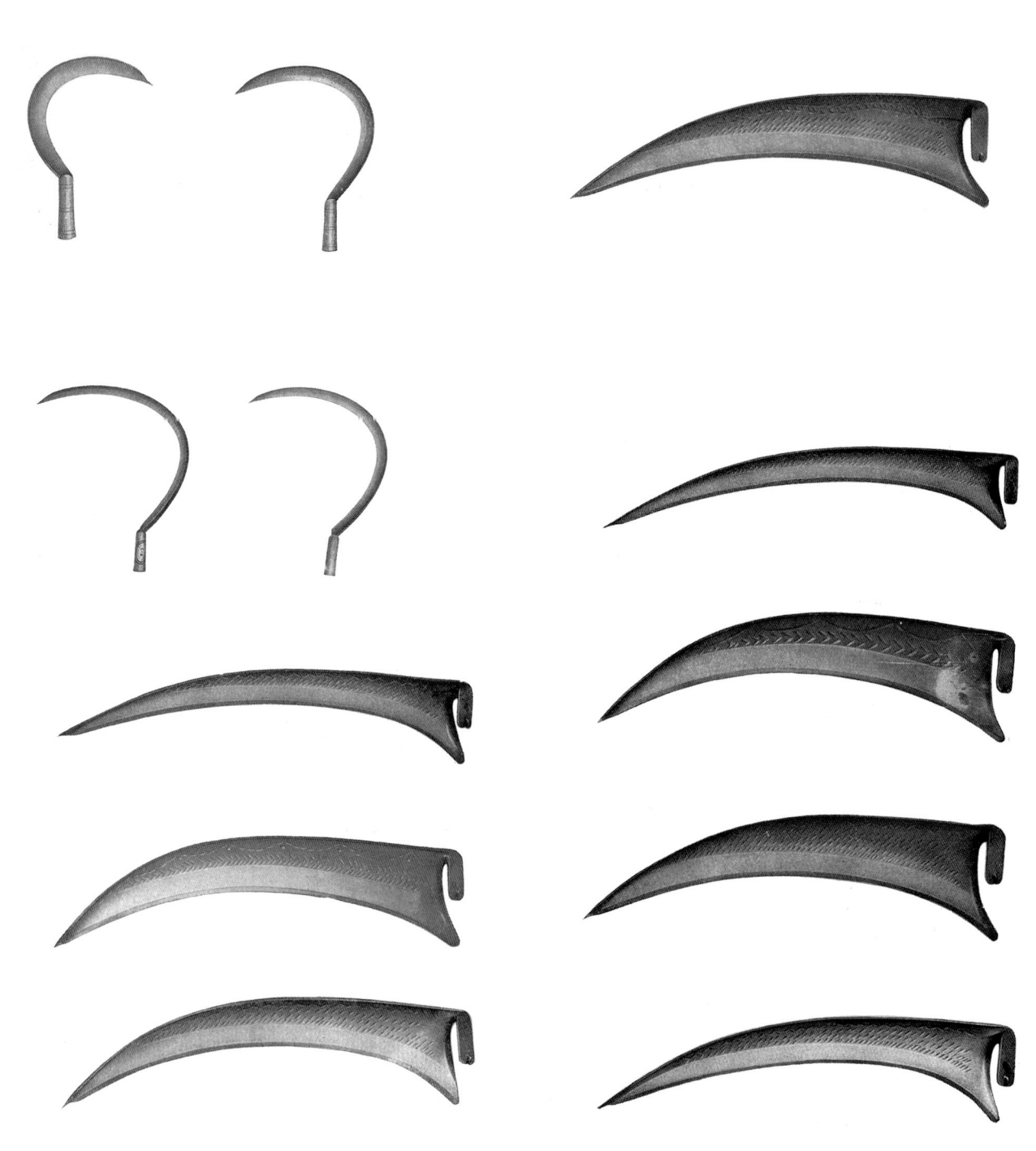

ein Rad die Kraft übertragen werden konnte.

Mit dem Verschwinden der Bäche, mit dem Kanalisieren, dem Ableiten sowie mit der Einführung der elektrischen Energie mußten die Betriebe umgestellt oder eingestellt werden.

Ein solches Beispiel ist die Glasur-Mühle in Osttirol. Das Wasser hat nichts gekostet. Der elektrische Strom kostet Geld. Also wurde der Betrieb geschlossen.

Anders im kleinen piemontesischen PRADLEVES in der Provinz Cuneo. Im uralten Betrieb von SIMONDI ABROGIO & FIGLI arbeitet noch immer einer der SIMONDI-Söhne. Seit nachweisbar 400 Jahren besteht die Schmiede, Seit vier Generationen wird sie in dieser Familie geführt. Es werden ausschließlich Sensen und Sicheln produziert.

Gianni BODINI hat bei seinen Fotoforschungen diesen kleinen Betrieb entdeckt. In höchst althergebrachter Weise wird hier noch ausschließlich mit Wasserkraft gearbeitet, ohne elektrischen Strom. Sehr ungern aber mit viel Stolz hat er seinen Handwerks-Prospekt überreicht; in alter Weise mit einem Band zusammengeschnürt, innen mit Fotos aus der Zeit um 1920 oder 1930, in der Art eines Musterbuches mit acht Sensentypen und vier verschiedenen Sicheln. Diese „PREMIATA FABRICA FALCI" stellt eine Kostbarkeit dar.

In etlichen Jahren wird dieser Betrieb verschwunden sein.

Es wird das langsame Absterben alter Handwerkskunst sein.

Es wird ein stiller Tod sein.

Kaum jemand wird nachtrauern.

Viele Geräte werden – wie vielfach üblich – in einem Museum landen, auf der Veranda oder im Garten einer Villa. Entfremdet, fremd, deplaziert.

EIN BLICK IN DAS LEBEN DER SENSENARBEITER

Zu Johanni geht das große Wandern der Sensenarbeiter an. Ein alter Zunftbrauch ist es, dieses Wandern, aber es ist bedingt durch die Natur des Gewerbes, besser, durch die Natur der Betriebe, die überall dort, wo in Österreich die Sense erzeugt wird, an die Wasserkraft gebunden sind.

Abseits, in den schmalen Alpentälern Nieder- und Oberösterreichs, der Steiermark, Kärnten und Tirols stehen die Sensenwerke oder Sengstschmieden, in denen noch Millionen handgeschmiedete Sensen Jahr um Jahr von fleißigen, arbeitstüchtigen Menschen erzeugt werden, die, abgeschieden von der Welt, Tag um Tag drauf loshämmern und die nur eine Zeit des freien Aufatmens kennen, die Woche um Johanni, ihre Wandertage.

Wenn so ein Jahr lang der Mühlbach über das Holzbett läuft, in das ihn die Menschen geleitet haben, dann beginnt er sich schon unbehaglich zu fühlen. Der Unrat eines Jahres hat sich auf der Sohle seines Bettes angehäuft, und es wird Zeit zum Reinemachen, auf daß die Wässer wieder Kraft gewinnen, die Räder zu treiben, die den Riesenarm des Hammers heben und niedersausen lassen, auf die „Bröckl", die kleinen, etwa dezimeterlangen Stahlstücke, die die verschiedenen Hämmer so lange bearbeiten, bis daraus, je nach den gerade laufenden Bestellungen, fünf bis zehn „handige" (handbreite) schmale Russen, Ungarn, Österreicher oder Walachen werden, von weniger als 45 Millimeter Blattbreite, oder breite Polen oder Piseker und Breslauer oder gar die 70 bis 75 Millimeter breiten böhmischen Sensen oder die „breite Reichsform". Dieser Not gehorchend, nicht dem eigenen Triebe, haben die Gewerken von altersher einige Tage im Jahre ihre Werke still stehen lassen. Der Bach wurde abgeleitet und sein Bett wieder schön gemacht und geräumig; wo etwas faul geworden, mußte der Zimmermann her und es ausflicken, im Bette selbst und an den Rechen und Schleusen und ebenso an den mächtigen Schaufelrädern. Sie machten aber zugleich die Not zur Untugend, das heißt, sie nützten diese „Abkehrzeit", diese Tage erzwungener Ruhe recht tüchtig zu ihrem Vorteil. Nicht nur ihre eigenen Innungsschmerzen stillten sie in diesen Tagen, sondern sie erfüllten diese Ferialtage ihren „Knechten" mit so viel zünftigem Schnick-Schnack, daß die „Knechte" gar nicht aus dem Taumel kamen und im Taumel sich gerne selbst wieder auf ein Jahr verkauften oder gar sich weiter verkaufen ließen." (Vom Tagwerk der Jahrhundertwende)

In den hochspezialisierten Hammerwerken, beispielsweise in der EISENWURZEN, war die Arbeit auf eine Vielzahl von Spezialisten verteilt. Jede Arbeit mußte in einem differenzierten Verfahren, wie in Fließbandarbeit, durchgeführt werden. Um die Jahrhundertwende haben Eßmeister, Bröcklschneider, Hainheizer, Hammerschmiede, Warhenmacher, Ausspitzer, Breiten- und Rückenheizer, Zusammhammerer, Abrichter, Spitzformer, Beizer, Kleinhammerer, Beschneider und Märker gearbeitet.

Ganze Täler lebten von der Eisenverarbeitung. Ebenso waren dann wieder ganze Talschaften samt Familien und Kleinstlandwirtschaften nach der Blütezeit zum langsamen und dann zum endgültigen Absterben verurteilt.

Auf Gedeih und Verderb waren die vielen hundert Familien zuerst vom Hammerherrn und seinen Gewerken, später von der Mechanisierung abhängig. Aus den einst blühenden Tälern wurden Problemregionen.

In wenigen Fällen gab es Alternativen, gab es ein rechtzeitiges Umstellen und ein noch differenzierteres Spezialisieren. Das bekannteste Beispiel dafür ist die Kleineisenindustrie und Verarbeitung in Fulpmes im Stubaital/Tirol. Mit den eisernen, geschmiedeten, spezialgehärteten Geräten für Bergsteiger und Kletterer haben die Stubaier Weltruf erlangt.

TIROLER SENSEN

Mit dem Bergbau im Tiroler Unterinntal ist ab dem 16. Jahrhundert eine große Zahl von Schmiedebetrieben entstanden. Dabei wurde die Wasserkraft der vielen kleinen Gebirgsbäche genutzt. Mit dem Rückgang des sogenannten „Bergsegens" im 18. Jahrhundert kam es zu einer ausgesprochen exportorientierten Spezialisierung an einigen Orten. Der gute Tiroler Stahl war eine wichtige Grundlage für die sehr ausgeprägte Sensenerzeugung. Laut einem Bericht des Landesausschusses an die Kaiserin in Wien, an Maria Theresia, gibt es im

„Inn- und Wippthal, auch Pusterthal ansässige zahlreiche Waffen-, Sensen-, Nagel- und Schellenschmiede mit welchen Professionen sich gegenwärtig im Land bey 400 Meister und 200 Gesellen ihr Brod verdienen, obschon dieselben in keine Fabriksinnungen vereinigt sind".

Diese vielen Meister und Gesellen verarbeiteten pro Jahr 8 000 Zentner Eisen.

Um 1840 erzeugten die zwei Sensenschmiede in Hopfgarten jährlich 40 000 Sensen und die zwei Werke in Scheffau bei 32 000 Stück.

Aufschlußreich ist eine Übersicht vom Jahre 1851 aus Nordtirol. Daraus ist auch die Bedeutung dieses Gewerbe- und Handwerkszweiges erkennbar:

HOPFGARTEN (Haslau): Simon Penz,
    20 Arbeiter, 58 000 Sensen.
ELLMAU: Simon Kainer,
    12 Arbeiter, 20 000 Sensen.
SCHEFFAU: Josef Ralser und
    Peter Graus,
    22 Arbeiter, 38 000 Sensen.
ERL: Alois Gatt,
    15 Arbeiter, 30 000 Sensen.
OBERNDORF: Simon Zimmermann,
    8 Arbeiter, 20 000 Sensen.
KÖSSEN: M. Aukenthaler,
    10 Arbeiter, 24 000 Sensen.
NIEDERNDORF: Josef Aukenthaler,
    4 Arbeiter, 20 000 Sensen.
WALCHSEE: Severin Neuner,
    6 Arbeiter, 25 000 Sensen.
JENBACH: Franz Huber, Georg Penz und
    Bartl Graus,
    32 Arbeiter, 48 000 Sensen.
WEER: Josef Graber,
    14 Arbeiter, 24 000 Sensen.
MAYRHOFEN: Zimmermanns Erben,
    10 Arbeiter, 22 000 Sensen.
KLEINBODEN: Josef Graus und
    B. Penz Erben,
    18 Arbeiter, 35 000 Sensen.
STUMM: Josef Zimmermann und Johann
    Lengauer,
    15 Arbeiter, 34 000 Sensen.
ZELL AM ZILLER: Josef Penz,
    20 Arbeiter, 40 000 Sensen.

Darüber hinaus waren Sensenschmiede im Tiroler Oberinntal tätig:

TARRENZ: zwei Meister mit
    12 Arbeitern, 20 000 Sensen
AUSSERFERN: 3-4 Meister,
    12 Arbeiter, 20 000 Sensen

Insgesamt wurden etwa 500 000 Sensen aus 7000 Zentnern Stahl erzeugt.

Im Jahre 1870, also fast 20 Jahre später wurden im Tiroler Unterinntal 416 000 Sensen und 115 000 Sicheln erzeugt.

Nach und nach gingen viele Einzelbetriebe zugrunde. In Jenbach erfolgte eine Konzentration und Mechanisierung. Dort wurden im Jahre 1922 noch 450 000 und im Jahre 1926 wieder 500 000 Sensen und Sicheln produziert. Seit 1950 machte sich die Konkurrenz der Motormäher bemerkbar. Nach 1970 wurde der Betrieb eingestellt. Einzelne Handwerker schmiedeten noch Sensen.

In Jenbach war der letzte Tiroler Schmied tätig, der neben den Sensen und Sicheln auch den *„Hacker"*, eine besondere Kurzstielsense herstellte. Dieser Hacker wurde vor allem im Ötztal, Pitztal, im hintersten Stubaital und teilweise in Südtiroler Bergtälern eingesetzt, vornehmlich auf den Bergwiesen bei der Bergmahd und zum Abmähen der allerletzten Halme um Felsen und Steine. Jetzt ist das Ende der Hacker gekommen. In wenigen Bergbauernhöfen sind noch Relikte aufzuspüren.

Sensenmarken der Sterzinger Schmiede:

JOSEF UNGERER IN GOSSENSASS

JOHANN WALDNER IN DER LAMSE
(STEGSCHMIED)

JAKOB RADL, BLÄTTERMÜHLE

JAKOB RAINER, GASTEIG

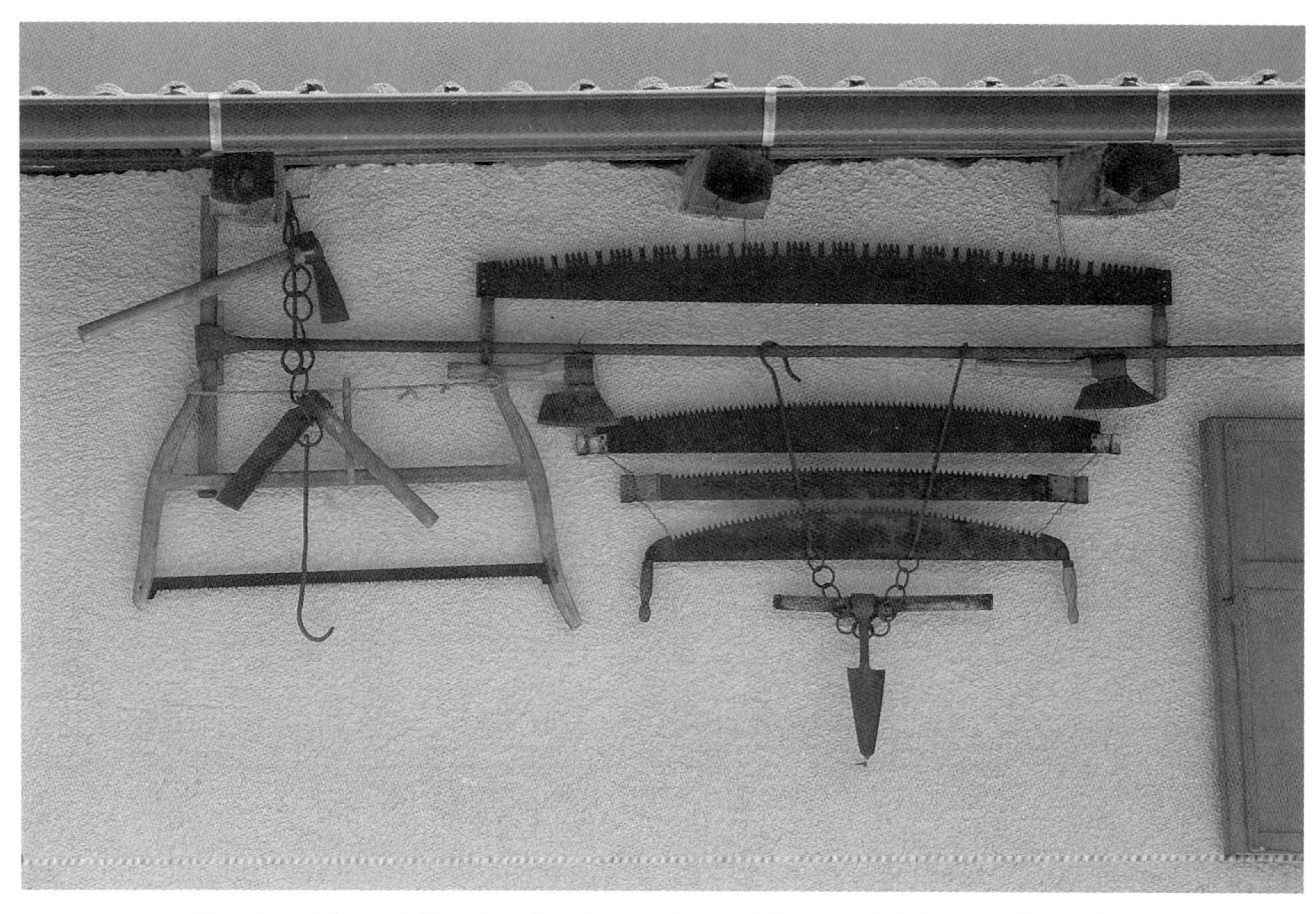

Standesstolz und Handwerkerehre sollen sichtbar und dokumentiert sein,
für Nachbarn und Vorbeikommende.
Ein Südtiroler Zimmermann hat einige der wichtigsten Handwerkszeuge
an der Hausmauer des neuen Hauses angebracht,
Zimmermannsbeile, Spann- und Wiegsägen
sowie einen Brunnenbohrer.

Handwerk hat goldenen Boden

Von der Blütezeit des Handwerks.
Entstehung und Wesen der Zünfte:
Vom mittelalterlichen Leben und Treiben,
vom „Verzeichnis aller Stände auf Erden ...
aller Künste und Handwerke" im berühmten Werk
von Jost AMMANN sowie in Versen von Hans SACHS im „Ständebuch".
Von Baumeisterschulen, Handwerksordnungen und
der Überleitung zum Zeitalter der Maschinen und Roboter
... Interessantes vom Handwerk und dem sprichwörtlichen
GOLDENEN BODEN.
Von Bäuerlichkeit und Handwerk.

In der weitesten Bedeutung des Wortes hat HANDWERK immer goldenen Boden. HANDWERK ist das „WERK DER HÄNDE", mittelhochdeutsch „hantwerc", althochdeutsch „hantwerch". Es ist das Werk der Hände, also Kunstwerk, Gewerbe, Zunft.

Handwerk laut Lexikon ist die „ 1. a) (selbständige) berufsmäßig ausgeübte Tätigkeit, die in einem durch Tradition geprägten Ausbildungsgang erlernt wird und die in einer manuellen, mit Handwerkszeug ausgeführten produzierenden oder reparierenden Arbeit besteht."

Es gibt weiters ein „bodenständiges, holzverarbeitendes, künstlerisches" Handwerk, das Handwerk des Schneiders, Töpfers, Tischlers, Schreiners, Zimmermanns, Glasers usf.

Handwerk ist „1. b) jemandes Beruf, Tätigkeit; Arbeit, mit der sich jemand ernährt."

Handwerk ist – immer noch laut Lexikon:

„2. Berufsstand der Handwerker: Handel, Industrie und Handwerk." Handwerker ist also einer, „der berufsmäßig ein Handwerk ausübt."

Ursprünglich kann jemandem sprichwörtlich das Handwerk gelegt werden, wenn sich jemand anderer unsachgemäß einmischt. Und wenn mir gar jemand ins Handwerk pfuscht, so bin ich im Berufsstand als Handwerker angegriffen, diskriminiert.

Im engen Sinn des Wortes hat und hatte Handwerk nur zeitweise GOLDENEN BODEN, beispielsweise zur Hochblüte der Zünfte. Handwerk hatte eine Hochblüte in der vorindustriellen Gesellschaft, insbesondere auch im Bereich der Landwirtschaft vor der Mechanisierung und Technisierung.

In der Gegenwart leben und blühen die Reste eines ehemals alle Gesellschaftsschichten in Stadt und Land prägenden Handwerks. Die letzten Reste sind Nostalgie, Folklore und Museum. Immer erst dann, wenn wir dem Handwerk den engen Begriff zugrunde legen und das Handwerk als Beruf, als Gewerbe, als Tätigkeit zum Lebensunterhalt sehen.

Für mich ist Handwerk das *„WERK DER HÄNDE"* und somit zeitlos aktuell, ununterbrochen neu und schöpferisch, lebendig und spannend, dieses unendlich vielfältige Hand-anlegen, mit den Händen umfassen, das Streicheln, Pfeife anzünden, Erdäpfel schälen, das Jäten und das Umrühren.

Ich bin also für den GOLDENEN BODEN und das Stück Hoffnung über alle Resignation hinweg, über die Flut von Massenserien und dem Einerlei hinweg. ALTES HANDWERK ist eines der wichtigsten Kapitel der alten und neuen Kultur, der Tradition, unserer Wurzeln. Handwerk ist schön.

Bäuerlichkeit & Handwerk

"*Entwicklungsgeschichtlich betrachtet ist das Handwerkertum aus dem Bauerntum hervorgegangen.*"
(Richard WEISS, Volkskunde der Schweiz)

So trifft es für das traditionelle dörfliche Handwerkertum zu. Anders ist es in der Stadt.

Die dörfliche Entwicklung des Handwerks aus dem Bereich des Bäuerlichen läßt sich vielfach und vielfältig in primären, in einfachsten Formen der alpinen Sachkultur bis in die Gegenwart feststellen und beobachten.

Der Bauer ist weitgehend sein eigener Handwerker. Er vermag einfache Gebäude zu errichten wie Hütten, Werkzeugschuppen, Garagen und Feldstadel. Mit den Grundelementen Holz und Stein vermag er in der Regel umzugehen wie ein Profi. Seine Kenntnisse hat er sich notgedrungen aneignen müssen.

Er kann ebenso mit Nägeln, Hacken, Beilen, Messern umgehen, kann sie selbst schleifen, mit einem neuen Griff versehen. In allen seinen Handhabungen ist er – im günstigsten Fall – der universelle Bastler und Handwerker. Sogar Räder und Karren kann er selbst anfertigen, Verschläge in Stallungen, kleine Materialseilbahnen zum Heutransport. Für seine Kinder bastelt er aus Holz und Ästen das Spielzeug, Kühe, Hühner, Zäune. Er repariert Heurechen, Kummet und Schuhe. So ist es ideal. So war es ideal, und so blieb es in sehr vielen Fällen bis auf den heutigen Tag.

Der Wagner.

Ich mach Räder/Wägen vnd Kärrn/
Roll vnd Reyßwägen/für groß Herrn/
Kammerwägen/den Frauwen klug/
Auch mach ich dem Bauwren den Pflug/
Vnd darzu auch Schleyfen vnd Egn/
Thus als mit gutem Holtz verlegn/
Ich arbeit hart bey meinen tagn/
Friges erfundn erstlich den Wagn.

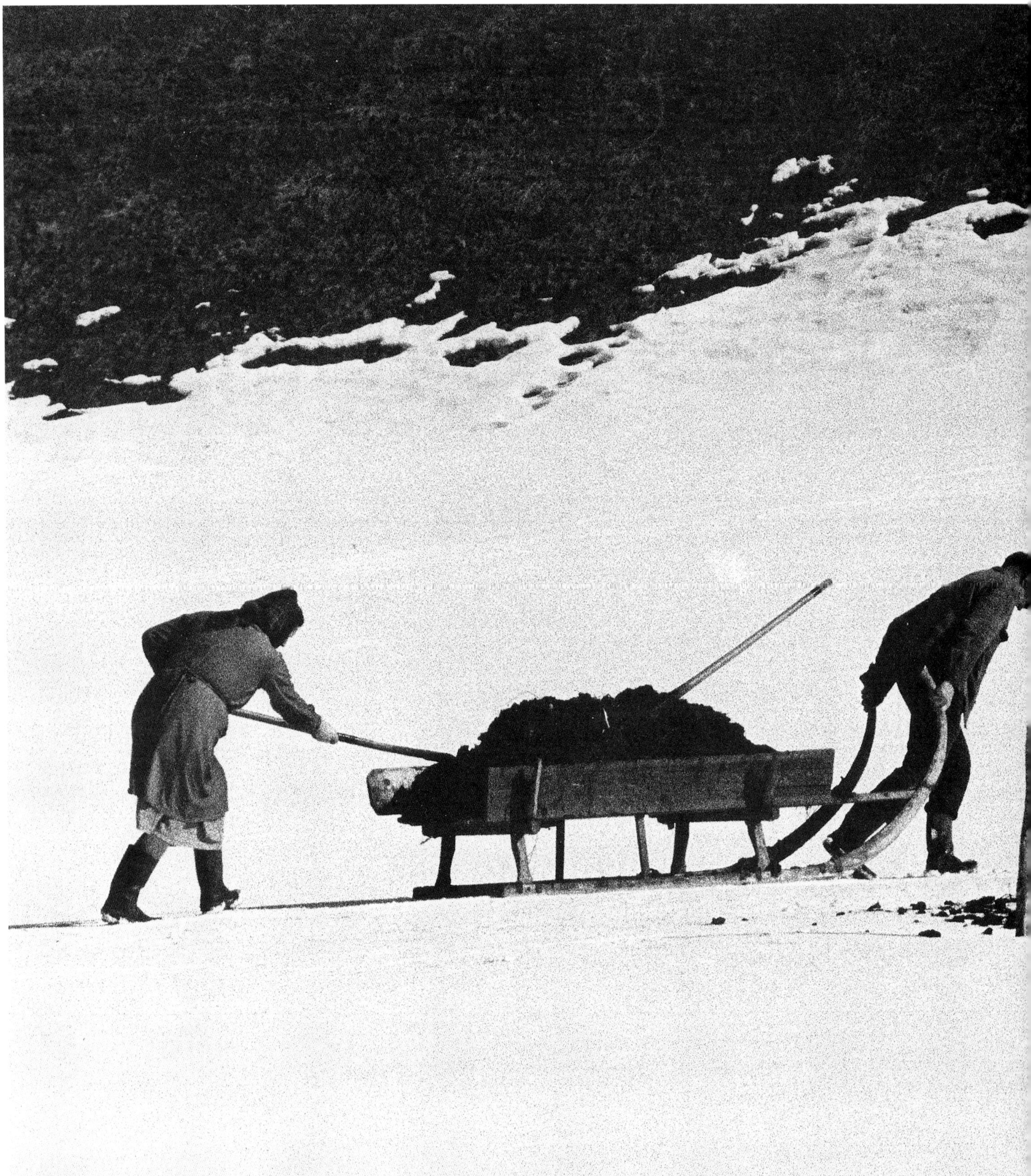

Sie fahren auf den Acker.
Der Winter war lang und schneereich,
schwer die tägliche Last.
Jetzt kommt die härteste Arbeit.
Hand anlegen, ausmisten, Mist führen,
Mist ausbreiten, auswerfen,
gleichmäßig verteilen, mit der Gabel in
weitem Bogen. Die Frau
legt Hand an. Der Mann legt Hand an.
Er zieht, sie schiebt, er zieht,
sie wirft, er hält den Schlitten fest, sie
sind zu zweit. Der Mist
ist Bauernleben. Die Kinder sind
gekommen. Sie sollen helfen.
Der Sohn kauft sich den Motor und den
Miststreuer dran.
Ein Jahreslohn, drei Jahre Bergbauern-
unterstützung.

Der Sohn bleibt am Hof.
Die Alten sterben.
Lebenslang Hand angelegt, mit
schwieligen Händen, mit schweren
Händen, mit abgearbeiteten Händen.
Schwerarbeit.
Hand ans Werk gelegt.
Der Sohn wird sich diese verfluchte
Hand-Arbeit nicht mehr antun.
Und die Alten schieben und ziehen
HÄNDISCH
vom Acker und dem vielen Schnee
zurück auf den Hof.
Und morgen sind sie tot.
Erlöst.

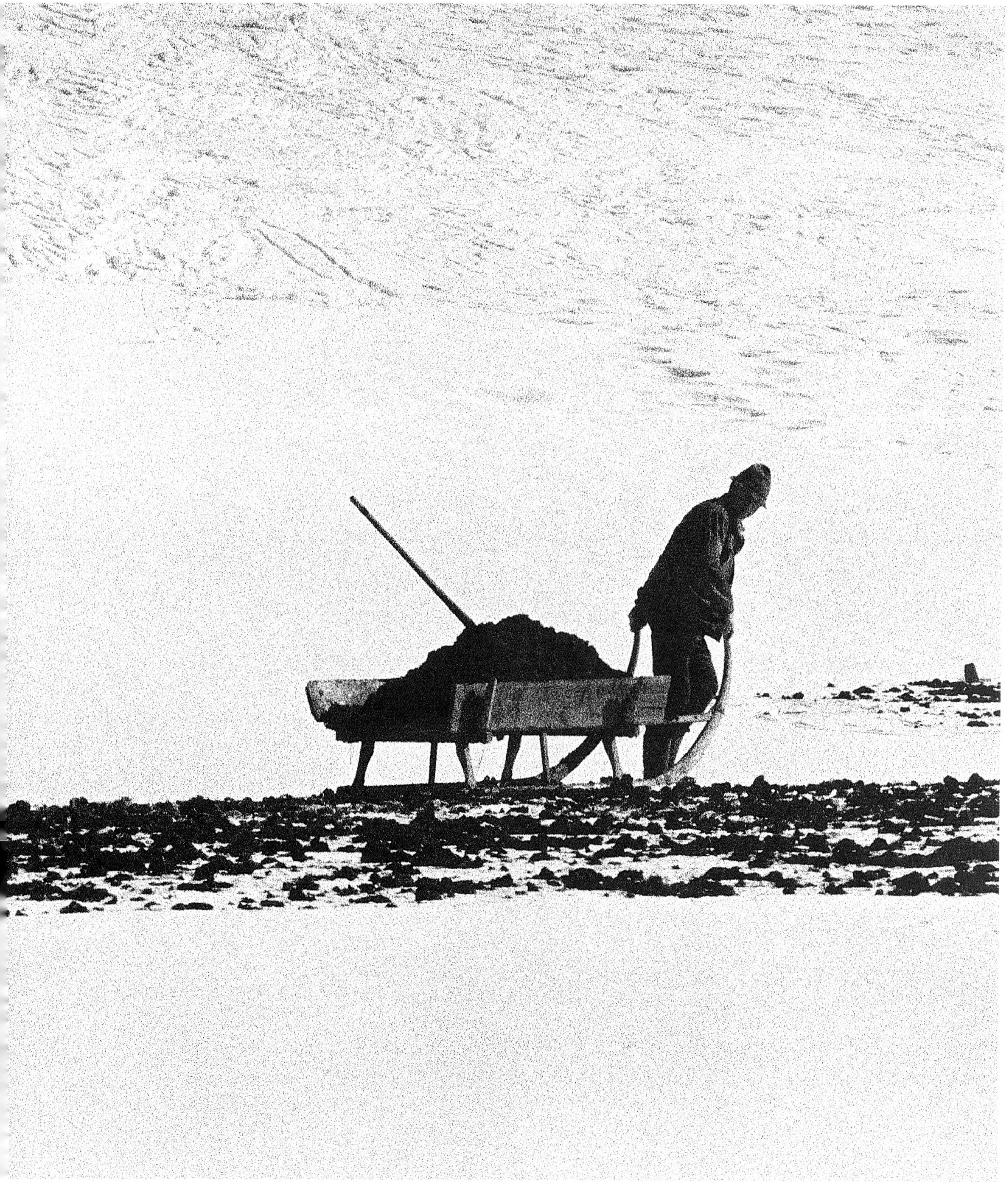

Alter Knecht geh hinter den Hof
Auf den Steilhang Bergbauernzone IV
Gestern hats der Traktor geschafft
Der Schlepper ist umgekippt der Bauer tot drunter drin
Alter Knecht geh auf den Neubrucknacker
Setze dich nieder wenn deine Hände nicht mehr können
Zünde die Heuharpfen an wenn dir zu kalt ist
Steck Deine Hände in die Glut
Ackere bis zum Morgengrauen weiter
Krümme deinen Rücken schinde dich zutode
Laß die Bäurin nicht mehr zu Dir kommen
Verschone uns vor allem Übel der schrecklichen Steilheit
Erlöse uns vor Überarbeitung und Trübsal
Laß alle Erdäpfel und alle Roggenäcker blühen und gedeihen
Klammere Deine Hände an die Vierzackgabel
Erklimme den Himmel und hol Deinen Lohn
In Ewigkeit Amen
Verfluchte Schinderei
Erlöse uns vor brennenden Heuharpfen
Dem toten Bauer gib die ewige Ruhe
In Ewigkeit Amen

seffa
in schtolle
schaug decht
gen kienen
malchn
und schwitzn
dr paure
schleet
mitn schteckn
kimmet
di seffa
vrbintet
di wunda
malchet
und reedet

ietz kimm decht mei
gscheggate olte
heit znochts nö siibm
kindr bein tische
nöet
in schtolle
dr paure
seffa
plearcht
seffa plearcht
numma
seffa
wöltan fein
mitn kienen ...

(Übersetzung)

(josefa im stall schau doch zu den kühen melken und schwitzen der bauer
schlägt mit dem stock kommt die josefa verbindet die wunde melkt und redet
„jetzt komm doch meine gescheckte alte heute in der nacht sind noch sieben kinder bei tisch" not im stall der bauer josefa weint josefa weint nicht
mehr sie ist so fein mit den kühen)

naale
hintrn hause
deet
klaubet
klaubet
jett
bugglat
dinnan
schnaufn
roschtn
peetn
flüechn
naale
klaubet
olle tooge
hintrn hause
jett
dr wintr
wearcht
ze kolt
naale
hintrn hause
deet
schtirbet
lochet
klaubet
jett
und in langes
kraat dr hoon

(Übersetzung)

(großmutter hinter dem hause dort
klaubt und klaubt
unkraut
gebückt drinnen schnaufen rasten
beten
fluchen
großmutter klaubt alle tage
hinter dem hause
unkraut
der winter wird zu kalt
großmutter
hinter dem hause dort
stirbt
lacht
klaubt
unkraut
und im frühjahr kräht der hahn)

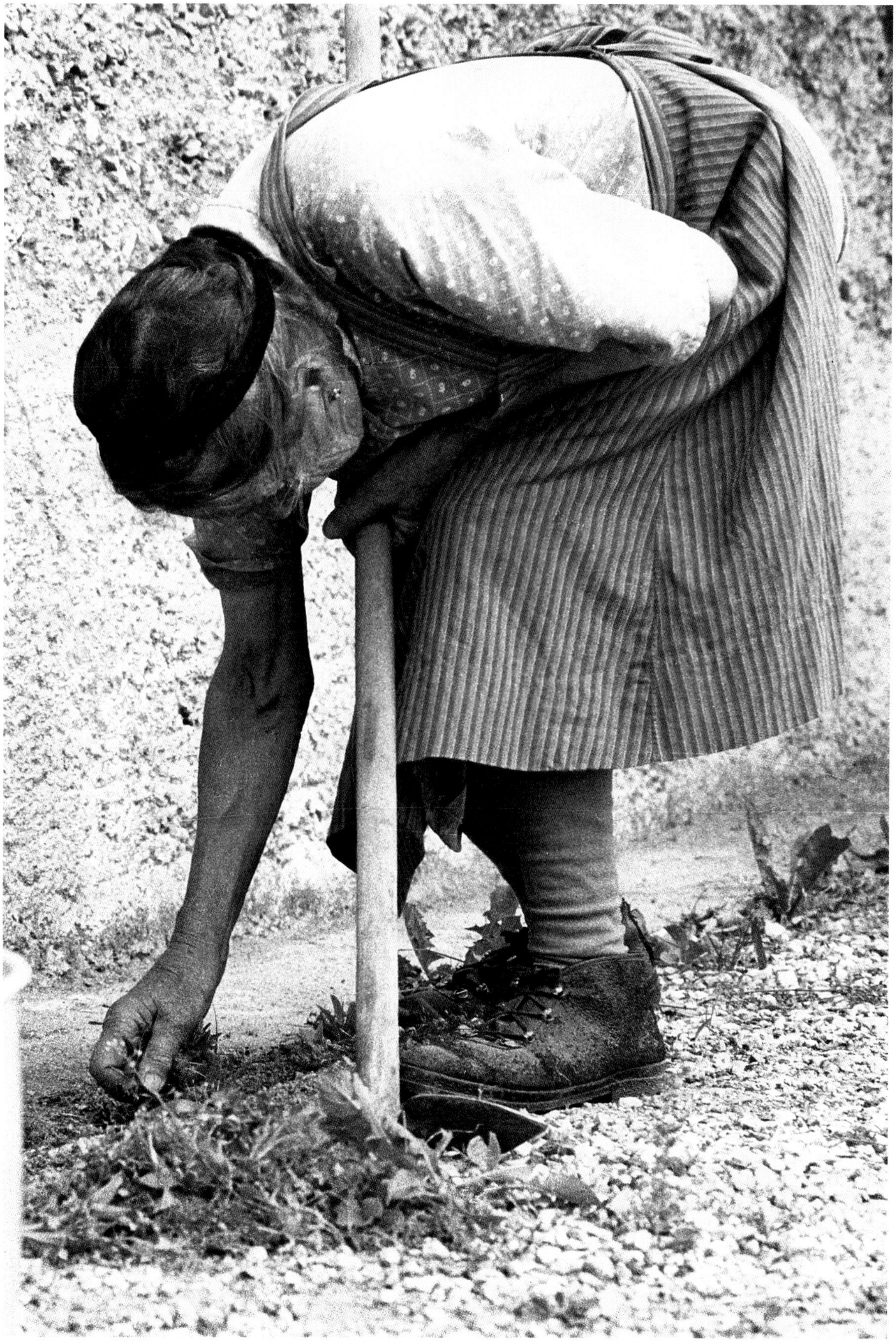

So entstand bäuerliche Arbeitsautarkie, speziell in der Holzbearbeitung.

Dazu kam, daß die männliche Jugend durch Jahrhunderte während der Winterzeit auswärts beim Holzfällen, Flößen, Zimmern und Bauen unterwegs war.

Aus Tirol ziehen bis heute erfahrene Holzer-Partien zu Akkordarbeiten nach Deutschland, zur Rodung von Wäldern für Startbahnen in Frankfurt und München. Es sind gefürchtet-geschätzte Arbeitspartien, bestens zusammengearbeitet, Handstrich um Handstrich optimal aufeinander abgestimmt. Sie reißen Wälder nieder und unterbieten mit ihrer Professionalität alle anderen Arbeitsgruppen. Sie können preislich unterbieten und sind deswegen gefürchtet. Bis auf den heutigen Tag.

Das haben sie durch viele Generationen gelernt, erfahren, erprobt: beim Bau der Arlbergbahn Ende des vergangenen Jahrhunderts, beim Bau der Holztriften für die holzverschwendenden Salinen von Hall, Hallein, Hallstatt durch die Jahrhunderte seit dem Mittelalter. Tiroler Holzarbeiter haben bis weit nach Italien ihre Handwerksleistungen erprobt. In Bergtälern um Trient und südlich davon leben verballhornte Fachausdrücke aus den deutschen Dialekten weiter, die mit Holztrift und Holzverarbeitung zu tun haben.

Nach und nach entstanden in den Dörfern und Talschaften die Experten und Profis, diese unentbehrlichen Meister und Könner, die Gelernten.

Es sind dies vor allem

ZIMMERMANN,
TISCHLER (SCHREINER),
SCHMIED,
WAGNER,
GERBER,
STRICKMACHER (SEILER),

SATTLER,
SCHUHMACHER UND
SCHNEIDER.

In den traditionell geprägten Kulturen sind es bis in die jüngste Zeit Handwerker, die nebenbei auch noch Bauern sind. Ihre Berufstätigkeit ist also auf Zeiten konzentriert, in denen ihre Bauernarbeit es zuläßt, Winter und Zeiten außerhalb von Heuernte, Mistbreiten, Holzmachen.

Hier hat der Übergang vom Bauer zum Voll-Profi-Handwerker fließend stattgefunden. Aus dem bäuerlichen Handwerker, dem sogenannten HALB-HANDWERKER, entstand der spezialisierte Berufshandwerker.

Dieser Wandel vollzog sich seit der Technisierung in rasantem Tempo und scheint abgeschlossen zu sein.

Somit verschwindet alte und älteste bäuerliche Handwerkstechnik. Also verlernen die Bauern und Dörfler den ehemals gekonnten Umgang mit den Elementen und Materialien wie Stein, Holz, Textil, Ton und Erde.

Wie der berühmte und geschätzte Schweizer Volkskundler Richard WEISS in seinem 1964 erschienenen Standardwerk über die *Volkskunde der Schweiz* nachweist, sind diese handwerklich-bäuerlichen Techniken und Fertigkeiten ein sehr prägendes Element der gesamten Volkskunde.

„Die Halbhandwerker treten kaum noch aus der bäuerlichen Dorfgemeinschaft heraus. Sie fühlen sich als Bauern, um so mehr, als der Handwerker als solcher nicht angesehen ist und vom Bauer, der ihn bezahlt und entlöhnt, als Abhängiger und Untergebener betrachtet wird. Darum halten sich auch die meisten Bauernsöhne für zu gut, um ein Handwerk zu lernen. Das führt dazu, daß vielfach Fremde, Zugewanderte sich des Handwerks anneh-

men. *Diese sind dann ohnehin aus der engeren Dorfgemeinschaft ausgeschlossen und müssen ihre eigenen Wege gehen. Gerade dadurch können sie zu Trägern und Überträgern von allerlei Überlieferungsgut werden, besonders wenn sie ihr Wirkungsgebiet vergrößern, indem sie als STÖRARBEITER von Haus zu Haus und von Dorf zu Dorf wandern.*" (S. 112)

Was für die Bergbauernregionen der Schweiz zutrifft, gilt in gleichem Maße für Bergbauern in Salzburg, Vorarlberg, Kärnten und Tirol.

Im Kapitel „*Bäuerlicher Fleiss*" beschreibt Hermann WOPFNER eine ganze Reihe solcher Fertigkeiten im Handwerk und belegt sie mit Zitaten und Fakten. WOPFNERS dreibändiges Werk „*Bergbauernbuch*", in den Jahren zwischen 1950 und 1960 erschienen, gilt nach wie vor als einzigartiges Standardwerk über Arbeit und Leben der Bergbauern in Vergangenheit und Gegenwart, speziell am Beispiel Tirol.

Halbbauern oder Halbhandwerker, je nach Betrachtungsweise, gab es dort in großer Menge, wo Kleinbauern nicht von den Erträgnissen der Landwirtschaft leben konnten. Zu diesen bäuerlichen Handwerkern gehörten auch diese zahlreichen Kleinhäusler, die kärntnerischen Keuschler, die am Rande der offiziellen Bauernwelt lebenden Minibauern. In Alttirol – ohne die geistlichen Fürstentümer Trient, Brixen und den Salzburger Anteil – wurden um das Jahr 1780 neben 46 000 Bauern, „*deren Güter zum Unterhalt einer Familie ausreichten*", 61 000 Kleinhäusler gezählt, die auf zusätzlichen Erwerb angewiesen waren.

Dieses Klein- und Kleinstbauerntum ist bis auf den heutigen Tag besonders stark im tirolischen Nordwesten, im Oberinntal, im Lechtal vertreten. Dazu ein paar Zahlen und Fakten (zitiert nach WOPFNER, Bergbauernbuch, 2. Lieferung, ab S. 355):

„*In Gemeinden Westtirols versteht sich noch heute fast jeder Bauer auf ein Handwerk. Im Gericht Ehrenberg (Lechtal) mit seinen vielen Kleinbauern war die Zahl der bäuerlichen Handwerker bereits 1694 so groß, daß eine Lade oder Hauptzunft für sämtliche Laden des Bezirks gebildet wurde. Nach einer alten Aufzeichnung sind im Jahre 1699 nicht weniger als 644 Maurer aus dem Lechtale (1837: 17 582 Einwohner) als Zeitwanderer (Saisonarbeiter) ins Ausland gegangen.*

1695 ward eine Zunft der Maurer, Steinmetzen und Zimmerleute zu Imst als Hauptlade errichtet und mit einem landesfürstlichen Privileg ausgestattet. Zu ihr

Der Bütner.

Ich bin ein Bütner / und mach stolz /
Auß Förhen / Tennen / Eichen Holtz /
Badwan / Schmaltzkübl / scheffel vñ geltn /
Die Bütten und Weinfässer / welten /
Bier Fässer machn / bichen und binden /
Waschzübr thut man bey mir finden /
Auch mach ich Lägl / Fässer und Stübch /
Gen Franckfurt / Leipzig und Lübig.

gehörten die Nebenladen Landeck, Pettneu und Kappl. Im Tal Paznaun, in welchem die Gemeinde Kappl liegt, war die Güterteilung besonders weit gediehen. Zu der Lade der Maurer, Steinmetzen und Zimmerleute in Kappl (1837: 2 165 Bewohner) gehörten in dieser Gemeinde im Jahre 1706:

98 MEISTER UND 71 GESELLEN,

im benachbarten Ort See (1837: 491 Bewohner) waren

27 MEISTER UND 21 GESELLEN,

in Innerpaznaun zu Ischgl und Galtür gab es damals 9 Meister und 13 Gesellen. Nach amtlichen Erhebungen hatte die Gemeinde Pfunds im Oberinntal 1802: 1599 Einwohner, davon 717 männliche, 828 weibliche; gewerbliche Berufe übten 107 Meister, 102 Gesellen, 25 Lehrlinge aus, von den 717 Männern waren also 33% gewerblich tätig." (WOPFNER, S. 359/360)

Diese Handwerker waren durchwegs Kleinbauern. Im heutigen Sinn waren es Nebenerwerbslandwirte.

Die Realteilung im Westen Tirols, in Teilen der Schweiz und Italiens hat bewirkt, daß landwirtschaftliche Besitzgrößen auf 1,5 bis 2,5 Hektar absanken, und das in extrem steilen, unwirtlichen Lagen der obersten Bergtäler. Davon konnte auch bei größter Enthaltsamkeit und Sparsamkeit eine mehrköpfige Familie nicht leben. Hieß es auch noch von allen Kanzeln, bei allen Brautunterrichten der Dorfpfarrer: *„Wachset und mehret Euch!"*, wurde also maßloser Kinderreichtum kirchlich vorgeschrieben und waren zehn, zwölf Kinder keine Seltenheit, so kehrten Armut und ärgste Drangsal in die armseligen Bauernkeuschen ein. So also entstand eine schier unerträgliche Überbevölkerung der Bergtäler in Savoyen, im Piemont, in der Lombardei, im Tessin, Engadin, Trentino, in Tirol, der Steiermark und in Oberösterreich.

Am schlimmsten war die Lage zweifellos in piemontesischen Bergtälern, in Hochregionen von Savoyen und bei den armen Bewohnern des tirolischen Oberinntales.

Die Menschen der Bergtäler sind die

GASTARBEITER

von früher, vom siebzehnten bis zum Beginn des zwanzigsten Jahrhunderts. Frauen und Kinder, hauptsächlich aber Männer waren monatelang von ihren Familien und Dörfern getrennt. Beispielsweise war aus der Pitztaler Gemeinde

Der Schmidt.

Ich Huffschmidt kā die pferd beschlagn/
Darzu die Räder/ Karn vnd Wagn/
Schwäntzen vnd Lassen ich wol kan/
Den Pferden/ die auch Schäden han/
Ich kan heyln/ Retzen vnd Reiden/
Den Feyfel vnd die Angstel schneiden/
Zu den Ciclopen trag ich Gunst/
Die erfunden deß Schmidwercks Kunst.

St. Leonhard mehr als die Hälfte der arbeitsfähigen männlichen Bevölkerung durch mehrere Monate von ihrer Heimatgemeinde entfernt. Die Männer arbeiteten und handelten durch halb Europa, waren als Holzarbeiter, Zimmerer und Tischler in relativ angesehenen Berufen tätig, viele aber als sozial sehr benachteiligte Wanderarbeiter, wobei ihnen das Los zufiel, mit recht merkwürdigen und minderen Dingen Handel treiben zu müssen: als SAGFEILER, FELLHÄNDLER, SPULENHÄNDLER, LEINSAMENHÄNDLER.

Aber sie waren damit der großen Not entwichen und konnten in der freien, großen Welt auch den weltoffeneren Geist einatmen. Nicht wenige Pfarrherren beklagten sich über die zurückgekehrten Bewohner und den „lockeren Sinn", den sie mitgebracht hätten. Berühmt ist die sogenannte KAPPLER PREDIGT (siehe Seite 66).

Noch einmal zum Pitztal:
Folgen wir Joseph ROHRER, der in seinem berühmt gewordenen Werk „Uiber die Tiroler. Ein Beytrag zur Oesterreichischen Völkerkunde" (Wien 1796) den Pitztalern dieses bemerkenswerte Zeugnis ausstellt:
„Die wahren Antipoden dieser sogenannten Kanarienhändler aus Imst und Tarrenz sind ihre armen Landsleute aus Plangroß. Sie besteigen gleich den Insulanern auf St. Kilda die höchsten Jöcher in der Runde um einen Geyerhorst ausfindig zu machen. Diese Plangroßer reisen dann mit den in schwere Käfige eingeschlossenen Jochgeyern, unter denen sich nicht selten der berüchtigte Lämmergeyer zur Schau gestellt wird, bis nach Neapel und Sicilien. Eben so wandern sie fast alle Jahre zu der Messe nach Frankfurt, wo sie auf der sogenannten Fahrstraße häufigen Besuch von der gemeinen Volksklasse erhalten."
(S. 47)
In einer neueren Studie über St. Leonhard im Pitztal – zu dieser Gemeinde gehört auch Plangroß – wird festgestellt:
„Überhaupt gehört das Pitztal zu den ärmsten Tälern Tirols." (Lässer, St. Leonhard, S. 60)

Beispielsweise fand ich unter den Akten über meine Vorfahren aus dem Pitztal einen im Jahre 1853 auf Alois Haid ausgestellten (Wander-)Paß, der ihn berechtigte, mit „Thierfellen und Gedärm" zu handeln. Ausgestellt war der Paß für die Österreichischen Kronländer, nach der Türkei und nach Rußland. Also wird dieser Alois Haid auch dorthin gewandert sein. Ebenso wie viele andere Wanderhändler kam er durch fast ganz Europa.
Unzählig sind die Geschichten dieser wahrhaft armseligen Bergbewohner. Sie

Der Schuhmacher.

Herenn/wer Stiffl vnd Schuh bedarff/
Die kan ich machen gut vnd scharff/
Büchsn / Armbrosthalffter vñ Wahtseck/
Feuwr Eymer vnd Reystruhen Deck/
Gewachtelt Reitstieffl / Küriß schuch/
Pantoffel / gefütert mit Thuch/
Wasserstiffl vnd Schuch außgeschnittn/
Frauwen schuch/nach Höflichen sittn.

teilen ihr Los mit den Savoyarden, den Fassatalern, den Defereggern und den Tessiner Rauchfangkehrern.

Hermann WOPFNER recherchierte aufgrund älterer Erhebungen, daß in Gebieten ausgeprägter Realteilung pro 1 000 Einwohner die weitaus größten Anteile an Handwerkern registriert wurden: NAUDERS (ein rein ländlicher Bezirk) weist 63 Handwerker pro 1 000 Einwohner auf. In Glurns und Ried betrugen diese Zahlen 62 und 55 pro tausend Einwohner. In dieser Zahl sind die Personen nicht berücksichtigt, die im Hausgewerbe tätig waren.

Aus bäuerlichem Nebengewerbe und Handwerk stammten auch die Maler aus dem Passeiertal und dem Fassatal, aber auch die Leinwand- und Wollweber.

Im Jahre 1774 wurden in ganz Tirol (ohne die beiden Fürstentümer Trient und Brixen) 2 024 Leinweber mit 1 944 Webstühlen gezählt und weitere 122 Lodenweber.

In Gegenden mit intensivem Flachsanbau, wie beispielsweise im Mühlviertel, in Axams bei Innsbruck oder im mittleren Ötztal, war selbstverständlich die Weberei besonders ausgeprägt. Im Jahre 1806 standen in Axams 60 Webstühle. Im mittleren Ötztal, also in Umhausen und Längenfeld, gab es kaum ein Haus ohne Webstuhl. Heute werden damit – nostalgisch und zur Dokumentation – Museen gefüllt, werden Erinnerungen wachgerüttelt.

Immer wird ALTES HANDWERK in Zusammenhang gebracht mit größter Einfachheit, Rückständigkeit, Entbehrung... nostalgisch, aber überhöht und verschönt. Das Erinnern verschönt. Die „gute alte Zeit" mag es gegeben haben. Wo?

Wie gut war das Leben wirklich, wenn die erwachsenen Männer über Monate nicht daheim waren, wenn etliche Kinder über den Sommer als sogenannte „Schwabenkinder" im Schwabenland waren und wenn die zurückgebliebenen Frauen alle Feldarbeit zu bestellen hatten, das Mähen von Hand auf den steilen Bergwiesen, das Steinetragen nach Lawinenabgängen, das Heutragen, oftmals auf dem Kopf, das Melken, Korn Tragen, das Kinderaufziehen?

HAT HANDWERK GOLDENEN BODEN?

Zudem waren die Frauen in vielen Tälern und Orten bei der Heimarbeit eingespannt.

„Im übervölkerten Hochtal Paznaun mit seiner starken Zersplitterung des Grundbesitzes und der zeitweisen Abwanderung eines Teiles der Männer mußten auch die bäuerlichen Frauen um einen zusätzlichen Verdienst sich umsehen. Sie verlegten sich auf das Stricken von Socken, Strümpfen und Fäustlingen. Verarbeitet wurde ursprünglich Wolle der eigenen Schafe; als die heimische Wolle nicht mehr ausreichte, lieferte vor etwa 80 Jahren der Handelsmann Josef Zangerle, genannt Salzer, in Kappl den Frauen gegen Bezahlung die nötige Wolle und besorgte dann als Verleger den Vertrieb der angefertigten Ware, die meist nach Vorarlberg oder in die Schweiz ging." (WOPFNER, S. 370)

Das Gesamtgewicht der Strickware belief sich auf rund 8000 kg im Jahr und stellte einen Wert von 22 000 Gulden dar. Im kleinen Ort Kappl mit seinen rund 1 600 Einwohnern waren um 1900 etwa 400 Frauen mit dieser Heimarbeit beschäftigt. Bis in die Gegenwart beliefern die Paznaunerinnen verschiedene Kunden mit gestrickten Socken. Sie beliefern auch das zur Festigung des bäuerlichen

Besitzes und des Nebenerwerbs gegründete TIROLER HEIMATWERK. Mit schändlicher Bezahlung, wie eine Recherche durch Bert BREIT ergab. Sie wurden und werden mit lächerlichen Sümmchen abgespeist.

Auch im Schnalstal war das Stricken ein wichtiger Zuerwerb. Nicht anders im Passeiertal.

In verschiedenen Tälern der Alpen haben sich bäuerliche Heim-Handwerke in besonderer Weise spezialisiert. In Gröden, im Ahrntal, aber auch in Cogne (Provinz Aosta) wurde das KLÖPPELN erlernt und praktiziert.

Zur Sozialgeschichte unserer Bergtäler müßte noch viel erforscht, gesammelt und publiziert werden. Es würde Bände füllen, was hier an interessanten Nachrichten über Ausbeutung, Kinderarbeit und Hungerlöhne ans Tageslicht kommen würde. Nur als Beispiel:

Der Skandal um die TIROLER SCHWABENKINDER sei genannt.

In einem Akt des Landesgerichtes Taufers in Südtirol, zu dem das Ahrntal gehört, wird aus dem 18. Jahrhundert berichtet, daß

„über 300 zum Teil kraftlose und tadelhafte Weibspersonen mit Spitzenklöppeln von großer Gattung sich ernähren."

Zu den Spezialitäten gehörte auch das FLECHTEN VON STROHHÜTEN aus Weizen- und Roggenstroh. So war es im Brixental, in Alpach, in Sellrain und in Osttirol.

Beda WEBER, ein aufmerksamer Schilderer von Land und Leuten, hat in seinem Werk über das Passeiertal auch über die Passeier Strohhutflechter geschrieben:

„Hirten, arme Leute und Bettler flechten gemeine Strohhüte in Zillerthalerform, die man an Werktagen fast allgemein trägt. Man verkauft derer auch einige aus dem Passeier weg 6 bis 9 Kreuzer das Stück." (Beda WEBER, S. 191, Mitte 19. Jahrhundert)

Überaus vielfältig sind die verschiedensten Handfertigkeiten, mit denen die Menschen vor allem der Bergbauernregionen etwas dazuverdienen mußten. Da gab es noch die KORBFLECHTER, PFANNENFLICKER, REGENSCHIRMMACHER, SCHLAPPSCHUHFLECHTER (z. B. im Zillertal), das WÄSCHEWASCHEN und WÄSCHEBLEICHEN (z. B. im Sellraintal für die bürgerlichen Innsbrucker Haushalte), das Herstellen von „SCHÖNEN BLUMEN AUS LEINWAND". Diese Blumenmacher gab es unter anderem im *„äußerst rauhen Pitzthale" (ROHRER, 1796)*. Ja, und die VOGELBILD-Hersteller oder die Montafoner KRAUTHOBEL-Hersteller und die GRÖDNER SCHNITZER ergänzen dieses bunte Bild.

Alle diese Handwerke und handwerklichen Fähigkeiten entwickelten sich neben der Landwirtschaft, waren also primär dörflich, waren auf Talschaften und Bergbauernregionen konzentriert.

Ganz anders ist die Entwicklung und der Stand der professionellen Handwerke in den Städten, das mittelalterliche Aufblühen der (städtischen) Zünfte und Zechen.

In der Werkstatt eines Vinschgauer Bastlers und Pfannenflickers,
bei Johann ABARTH.

Drei alte & handgestrickte Schwestern
Sie nähen, stricken, denken, lachen, sinnieren
Hände ineinander, Handarbeit, Werk der Hände
Dreimal nebeneinander & handgemachte Bank
Handgemachter Ofenverbau, Handgewirktes
Sie erzählen sich vom langen Leben
Verzwickte Situationen aus dem langen Leben
Die drei alten & handgestrickten Schwestern
Von Nöten dem Kinderbekommen von harten Männern
Rücksichtslosem Umgehen mit Frauen
Jetzt ist alles vorbei:
Die Jungen haben ihren vorfabrizierten Bungalow
Alles genormt und maschinengefertigt
Maskiertes Einerlei und dann ist alles Alte vergessen
Die mehrfachen Großmütter und das Selbstgesponnene
Ein Rest von Eigensinn & Sturheit
Von Schönheit & dem stillen Zuhören der einen auf die andere.
Hand in Hand & von Mund zu Mund
Sie brauchen weder Fernsehen noch Männer.
Drei alte & handgestrickte Schwestern oder:
Drei alte & sehr schöne Frauen in der alten Stube

Sie haben dich allein zurückgelassen.
Warte nicht ab bis der Sensenmann Hand an dich legt
Schäle deine Erdäpfel
Richte die tropfende Nase zurecht
Nimm die kalten Erdäpfel in die Hand
Schäle den Unrat aus deinem Leben
Verrichte deine kleinen Dinge
Verschönere mit Gulasch & Braten dein karges Leben
Du hast es verdient...
Kratze die Nase
Es denkt noch immer jemand an dich
Leg nicht Hand an Dich
Arbeite weiter
Laß es dir schmecken

meena
hööls meenat
hilf decht
bein salchn
köch decht
a miesle
loch decht
und köch
olle völl hungr
dr rööch
drinn in öögnen
hänte
bein köchn
und schtreichlen

meena
gea schloofn
lesch olle
liechtr
is schmecket
noch rööch
meena
hööls meenat
dr ööfn wearcht kolt
richt nö dei köpftüech
und oftr gea schloofn
schloof kuuglrunt
und bleib gsunt ...

(Übersetzung)

(philomena hole das zaumzeug hilf
doch beim selchen koch doch
ein mus lach doch und koche alle
voller hunger der rauch drin in
den augen hände beim kochen und
streicheln philomena geh schlafen
lösch alle lichter es schmeckt nach
rauch philomena hole das zaumzeug der ofen wird kalt richte dein
kopftuch und dann geh schlafen
schlaf kugelrund und bleib
gesund ...)

Arbeit & Gerät

Einen wichtigen Teil der volkskundlich-wissenschaftlichen Forschung umfaßt die GERÄTE-Forschung. Ein Teilbereich davon ist die Agrar-Ethnographie, das Erforschen, Katalogisieren, Inventarisieren und Darstellen der bäuerlichen Handwerke und Geräte.

Im Zusammenhang mit der Errichtung und Betreuung volkskundlicher Museen haben sich eine ganze Reihe von Inventarisierungsmethoden entwickelt. Es wurden eigene Systeme der Inventarisation landwirtschaftlichen Geräts und des Handwerks entwickelt. Für den alpinen Raum stellt die Dokumentation von Paul SCHEUERMACHER über das *„Bauernwerk in Italien, der italienischen und rätoromanischen Schweiz"* die wichtigste Grundlage dar.

Der Auszug aus dem Inhaltsverzeichnis ist ebenso wie das Inventarverzeichnis eines Bergbauernhofes (vergleiche die Inventarliste des Noaferhofes in Südtirol von 1774) gleichzeitig eine repräsentative Übersicht über die Verbindung von HANDWERK und LANDWIRTSCHAFT, über das notwendige Zusammenwirken dieser Bereiche.

Käse- und Ziegerbereitung
Das Erwärmen der Milch
1. Durch die Außentemperatur
2. Mit heißen Steinen
3. Am Feuer
Das Gerinnen der Milch
1. Das natürliche Lab
2. Das künstliche Lab
Das Brechen der Milch
Das Formen von Käse und Zieger
1. Das Formen von Hand
2. Käseformen
3. Das Tropfbrett
Die Aufbewahrung von Käse und Zieger
1. Das Salzen
2. Der Aufbewahrungsort für Käse
3. Aufbewahrung von Zieger

Heu

Die Arbeiten der Heuernte
Die Zeit der Heuernte
Das Schneiden des Grases
Das Dörren des Heues
1. Dörrmethoden im Süden
2. Das Ausbreiten oder Zetten
3. Das Wenden
4. Zetten und Wenden am zweiten Tag
Das Schützen des Heus vor Feuchtigkeit
1. Schutz vor Tau, Übernachten des Heus
2. Schutz vor Regen – „Heinzen"
Das Sammeln des Heus

Die Heuereigeräte
1. Sichel
2. Die Sense
3. Wetzstein und Wetzsteingefäß
4. Das Dengelzeug
5. Ausbreiten des Heus mit den Händen
6. Der Heustecken
7. Die Heugabel
8. Der Heurechen
9. Das Häckselmesser
10. Das Heuabstechmesser

Der Heutransprt
Von der Wiese zum Heustock
1. Schleppen des Heuhaufens
2. Waagrechtes Stockpaar
3. Gedrehte Ruten
4. Heuseil
5. Heunetz
6. Heutuch
7. Heubogen
8. Seiltragrahmen
9. Tragrahmen
10. Doppeltraggabel
11. Rückentraggestell
12. Stock mit Tragseil
13. Trägerloser Tragkorb
14. Locker geflochtener Rückentragkorb
15. Gesäumtes Traggestell mit Doppelkorb für Saumtiere
16. Schlitten
17. Schleife auf Vorderwagen
18. Heutransport auf Wagen

Vom Heustock in den Stall
1. Tragstock
2. Bündnerischer Fütterkorb
3. Fütterkiste
4. Fütterbrente
5. Rückentragkorb
6. Locker geflochtener Fütterkorb
7. Großer, runder Korb
8. Heunetz – Heubogen
9. Heuloch – Heuschacht

Feldbau
Die Feldgeräte
Von Hand geführte Feldgeräte
1. Die Hacke: Hackenstiel – Hackenblatt
2. Der Karst [Hacke mit zwei Zinken]
3. Die leichte Jät- oder Gartenhacke
4. Die Wässerhacke
5. Die Hackenaxt
6. Der Pickel
7. Die Schaufel

8. Der Spaten, die Stechschaufel
9. Die Stechgabel
10. Der Feld- und Gartenrechen
11. Das Locheisen
12. Der Eisenhammer
13. Die Holzkeule
14. Die Holzwalze oder Steinwalze

Die Egge
1. Bündel mit Dornenreisig
2. Einfacher Querbalken
3. Querbalken mit Zähnen
4. Zwei Querbalken ohne Zähne
5. Schlittengestell mit Reisiggeflecht
6. Zwei Querbalken mit Zähnen
7. Rahmenförmige, 3-4eckige Egge
8. Eiseneggen
9. Moderne Kettenegge
10. Grubber

Der Pflug: Die Terminologie des Pfluges und seiner Teile – Pflugtypen
1. Krümmelsohlenpflüge
2. Sterzsohlenpflüge
3. Grindelsterzpflüge
4. Deutscher Pflug
5. Ältere oberitalienische Eisenpflüge
6. Moderne Eisenpflüge

Wie man beim Pflügen fährt
1. Mit dem alten Holzpflug
2. Mit dem einseitig wendenden Pflug
3. Mit dem modernen Wendepflug

Terminologie des Pflügens
Verwendung der Pflüge
Wie der Pflug gezogen wird: Zugvorrichtungen – Zugtiere – Pflugtransport
Bräuche
Weitere Geräte des Pflügers: Der Treibstachel – Die Peitsche – Das Pflugschäufelchen

Das Dreschen
Die Tenne
1. Geschlossene Tenne unter Dach
2. Tenne im Freien
3. Das Bereitmachen der Tenne im Freien
4. Das Ausbreiten des Getreides auf der Tenne

Das Dreschen von Hand
1. Das Aufschlagen der Garben
2. Das Dreschen mit dem Dreschstock
3. Das Dreschen mit dem Dreschflegel: Verhältnis zwischen Stiel und Klöppel

Alte Dreschmethoden im Großbetrieb
1. Austreten durch Tiere
2. Dreschen mit Dreschstein
3. Dreschen mit Dreschschlitten und Dreschtafel
4. Dreschen mit Dreschwalze
5. Dreschen mit Wagen
Modernes Dreschen mit Maschinen

Das Reinigen des Korns
Das Entfernen des Strohs: Strohgabeln – Strohrechen
Das Trennen von Korn und Spreu
1. Trennen durch Luftzug und Werfen
2. Das Sieben
3. Maschinelle Methoden
Das Waschen und Trocknen des Korns

WOHNEN
Küche – Küchengeräte
Kochgefäße
1. Irdener, unten enger Kochtopf
2. Irdener, unten weiter Kochtopf
3. Lavezsteintopf
4. Bronzetopf
5. Gußtopf
6. Oben weiter Kupferkessel
7. Unten weiter Kupferkessel
8. Bratpfanne
9. Kasserole
10. Tiegel
11. Feuerfeste Platten
12. Modernes Kochgeschirr
13. Milchtopf, Kaffeekanne

Wasser- und Weingefäße
1. Wassertraggefäße
2. Krüge
3. „brocchetto, bombolo – boccale"
4. Flaschen

Aufbewahrungsgefäße
1. Wassergefäße
2. Ölgefäße
3. Fettgefäße
4. Einmachgefäße

Tisch- und Abwaschgeschirr
1. Teller und Platten
2. Näpfe und Schüsseln
Weitere Kücheneinrichtungen
1. Gußstein
2. Tellergestell
3. Geschirrahmen
4. Nische, Kasten

Herd
Herdformen
1. Primitive Herde
2. Herd in Mittellage
3. Kaminherd
4. Sizilianischer Herd
5. Holzkohlenherde: stabile – bewegliche
6. Moderner Kochherd
Herdgeräte
1. Feuerbock: steinerne, irdene, eiserne Typen
2. Aufhängevorrichtung für Kochgefäße: „Turner" – Holzhaken – Feuerkette
3. Dreifuß
4. Feuerzange
5. Feuerschaufel
6. Geräte zum Anfachen des Feuers: Blasrohr – Blasbalg – Feuerfächer
7. Bratspieß, Bratenwender
8. Aschenrahmen
9. Polentaröstgestell

Heizung
Öfen
1. Großer Ofen mit Außenheizung
2. Kleiner, im gleichen Raum geheizter Ofen
3. „Franklin"-Ofen
Wärmgeräte
1. Glutbecken
2. Tragbarer Glutbehälter
3. Bettwärmer

Beleuchtung
Kienspäne und Fackeln
Talglichter und Kerzen
1. Steinerne Talglampen
2. Eiserne Talglampen
3. Kerzen – Kerzenstöcke
Öllichter
1. Irdene Öllichter
2. Metallene Öllichter
Petrollampen: ohne und mit Dochtschraube und Glaszylinder – Stehlampen – Hängelampen
Laternen: aus Holz oder Metall – Sturmlaternen
Moderne Beleuchtung

Transport
Tragen und Traggeräte
Tragen durch den Menschen
1. Tragarten: Tragen mit Händen, Armen, auf Kopf, Schulter, Hüfte, Nacken, Rücken
2. Traggeräte: Traggeräte für eine Person – Traggeräte für zwei Personen
Tragen durch das Saumtier
1. Sattelarten
2. Teile und Geschirr des Bastsattels
3. Traggeräte für den Bastsattel

Schleifen und Schlitten
Schleifen
1. Direktes Schleppen der Last
2. Handschleife
3. Einfache Gabelschleife
4. Zweiteilige Gabelschleife
5. Landenschleife
6. Schleifen auf Kurzschlitten
7. Schleifen auf Protze
Schlitten
1. Gabelschlitten
2. Flachschlitten mit schiefgestellten Kufen
3. Flachschlitten mit parallelen Kufen
4. Gestellschlitten
5. Ernteschlitten
6. Korbschlitten
7. Kastenschlitten
8. Kinderschlitten
9. Schlitten mit Rädern

Wagen
Das Rad
1. Scheibenräder
2. Andere primitive Räder
3. Speichenrad
Schubkarren
Zweiräderwagen
1. Protze
2. Gabelwagen
3. Zweiräderwagen mit Deichsel (für Ochsen)
4. Zweiräderwagen mit Gabeldeichsel (für Einhufer)
5. Kippkarre
6. Personenwagen
Vierräderwagen
1. Fahrgestell: Vorderwagen – Hinterwagen
2. Traggestell: Langholzwagen – Stangenwagen – Korbwagen – Kastenwagen – Leiterwagen – Brückenwagen – Mittelitalienischer Vierräderwagen – Personenwagen
Zuggeschirr
1. Kummet
2. Riemenzug: Brustriemen – Bauchriemen – Hintergeschirr – Kopfgeschirr
3. Geschirrsättelchen – Stangenriemen
Joch
Hornjoch
1. Doppelhornjoch
2. Einfaches Hornjoch
Nackenjoch
1. Doppeljoch: Joch für Zweihufer – Joch für Einhufer
2. Einfaches Joch: Bindung an Landen oder Zugstricken – Halsbindung
3. Dreifaches Joch

Anmerkung: Vergleiche dazu unter anderem die Publikation „ARBEIT UND GERÄT in volkskundlicher Dokumentation." Tagungsbericht der Kommission für Arbeits- und Geräteforschung der Deutschen Gesellschaft für Volkskunde, 1967.

Leistung, Notwendigkeit und Vielfalt des HANDWERKS ist in diesem Inventarverzeichnis auf einem Südtiroler Bauernhof aus dem Jahre 1774 sehr eindrucksvoll dokumentiert. Das Inventar dieses vergleichsweise reichen Bauernhofes umfaßt in allen 23 Räumen insgesamt 752 Gegenstände. Sehr anschaulich ist die traditionelle, autarke Lebens- und Wirtschaftsweise dieses Hofes erkennbar, vielfältig und reichhaltig.

DIE BEWEGLICHEN GÜTER UND FAHRNISSE:

Zwei **Tisch** mit 2 Schubladen, darinnen ein **Tischtuch**, 8 hornene und 7 hilzerne **Löffl**, ein **Speisgabl**, 2 **Firbänk**, 2 **Lain** (Lehnen) und ain Fuess **Stuellele**, 1 **Schüsselrahm**, darinnen 7 stainerne, kleinere und gressere **Mahlschüsseln**, 12 **Schuss-Täller**, 2 **Suppenplän**, 4 **Hilhacken**, ein Plöchene **Luthearn** (Laterne), ain **Nudlpröt**, 4 **Plätertribl**, drei **Hengleichter**, ain **Wasserkrug**, vier **Masskrieg** die Zwei mit zinnene Licker, ain **Knospmeissl**, ain **Brotgrambl**, ain **Ölflaschl**, ain staines **Salz Pichsl**, ain **Hrischkopf** samt zwei Gstengen, drei **Spinröder** mit der Zuegehör und zwei **Tischhenger**; wird taxiert   7 fl. 5 kr.
Ain eiserne **Henguhr** samt den Kasten   11 fl.

IN DER STUBENKAMMER:

Ain **Himblbettstatt**, darinnen ain Stroosack, ain Unter und ain Oberföderpöth das aine mit einem weissen und das andre mit einer blauen Überziech, ain Hauptpolster, drei harbene und ain rupfenes Lailach die zwei mit rothen Leisten, ain niederliegendes **Spinnrad** so die Wittib anspricht und deswegen ohne Tax gelassen wird.
Ain **Pötstatt**, darinnen ain Stroosack ain Unter und ain Überföderpött auch ein paar rupfene Leilacher per   3 fl. 30 kr.
Ain **Prant Kral**, drei **Viehköttn**, zwei **Zimmererklampern**, ain **Zimmer Peil**, zwei **Pergeisen**, vier **Stain Wöfler**, ain **Pickl**, ain Paar **Tengleisen**, zwei **Peisszangen**, zwei **Beschlaghammer**, zwei **Durchschlager**, ain **Bschlagstrick**, drei **Rosseisen**, ain **Maurerhammer**, ain **Schaufl**, ainundsechzig paar **Ochsen Eisen**, zwei **Schaitmösser** per   3 fl. 15 kr.
Ain **Speiskasten** darinnen ohngefehr vier Star allerhand Mehl acht unterschiedliche **Prenglöser** ain zinness Fraggen **Kändele**, ain **Aufschenkglas**, fünf **Plaggaun Nögl**, ain **Spannsag**, ain **Rosszam** und vier **Röbmösser** per   9 fl. 30 kr.
Zwei Nigl **Körb**, ain **Kröb**, ainhundertfünf pfund altes **Eisen** per   5 fl. 30 kr.

IN DER KUCHL:

Zwai **Feuerhalen** mit achtzehen **Ring** und vier **Haggen**, zwai **Dreifüess**, ain **Feüerklupp**, söchs gressere und kleinere **Kochpfannen**, drei **Koch** ain dirchlene, ain Wasser und ain **Faimköllele**, zwei **Plätlmueser**, ain **Kiechlspiess**, ain **Speiskasten**, darinne ain **Mehlfassl**, zwei hilzerne **Schisslen**, ainhalb und ain ganzes **Kornmassl**, ain **Wasserschaff** und ain **Ofenplöch** per   5 fl. 45 kr.

Ain eingemauerter **Sechtkessel** wird geachtet (geschätzt)   11 fl.
Ain **Ofenkössl** per   3 fl.
zwei grosse **gloggspeisene Häfen** wögen 45 Pfund à 23 kreuzer macht   17 fl. 15 kr.
weiter sainklains detto hafelewögt dreieinhalb Pfund 'a 21 krz. mach 1fl. 13,5 krz.
Aber detto ain gloggspeisener Hafen wögt vierzöchen Pfund   4 fl. 26 kr.
ain kupferner Hängkössl wögt sechsundzwanzigainhalb Pfund   7 fl. 39,5 kr.
Zwei kupferne Lafätschen, (grosser Kessel zum Kochen) wögen neunzöchen Pfund à 13 kr.   4 fl. 7 kr.

IM MILCHKAMMERLE:

Ainundvierzig steinerne Milch **schisselen**, ain Schlagkibele, ain **Milchseich**, ain **Köll**, ain **Körzn Kibl**, vier deto **Prötter**, ain **Laintisch**, zwai **Wasserschäffer**, zwai **Melchstötz**, ain Wasser **Pittrich**, ain **Hacktäfele**, ain Rämb (Rahm) **Schaffl**, und ain **Suppenplan** per   3 fl. 44 kr.

IN DER LAB:

Ain **Fleisch peil**, ain **Melch Stotz**, ain **Schöpfstötzl**, ain **Körtatt** und ain **Obeszuendl**. per   29 kr.

IN GETRAIDKELLER:

Ain **lärchene Kisten** mit drei Tatten (Schubladen). per   5 fl.
darinnen vier Star Korn à 1fl. 30 kr.   20 fl.
und sechszehen Star Plent à 1 fl. 40 kr.   26 fl. 40 kr.
vier larchene Weinpanzen, zwai **Weinlaglen**, ain **Kiefter**, ain **Waschyhrn**, ain **Firpank**, an **Harhachl** und etwas Rueben.   5 fl. 40 kr.
Zwei **Krautyhrnen**, darinnen ohngefähr zöchen Schaff voll Kraut, ain **Padwann** per   5 fl. 15 kr.

IN OBESKELLER:

Das vorhandene Obes wird geachtet, (geschätzt)   6 fl. 30 kr.

IN WEINKELLER:

Ain **Pachmitten**, ain **Prottafl**, zwei **Protschragen**, vierzöchen **Protflöcken**, zwai **abrinth** (abrinden der Bäume) **Haspl**, ain **Erdkloben**, ain **Waschyhrn**, ain paar neu beschlagene **Prozenräder**, ain **Ruckkorb**, zwei **Tungetgabeln**, ain **Santschaufel**, ain **Pergeisen**, ain **Walhau**, und ain **Sankorb** per   19 fl. 40 kr.

BÄUERLICHES ARBEITSGERÄT

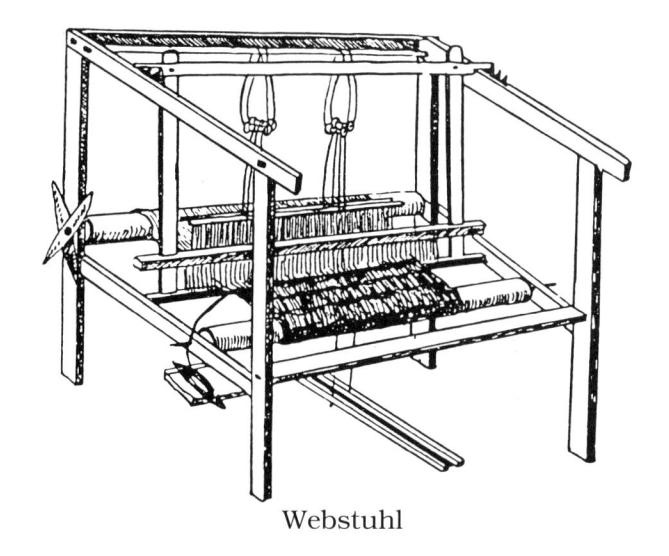

Webstuhl

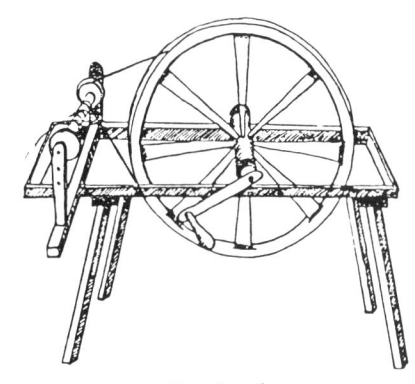

Spulrad

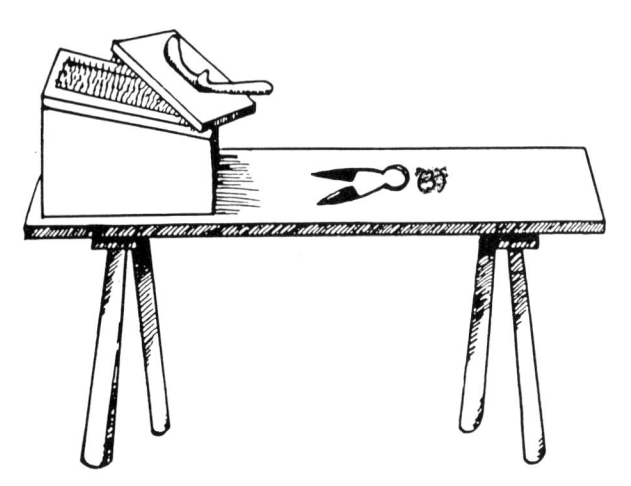

Hand-Kartatsche mit Schafschere

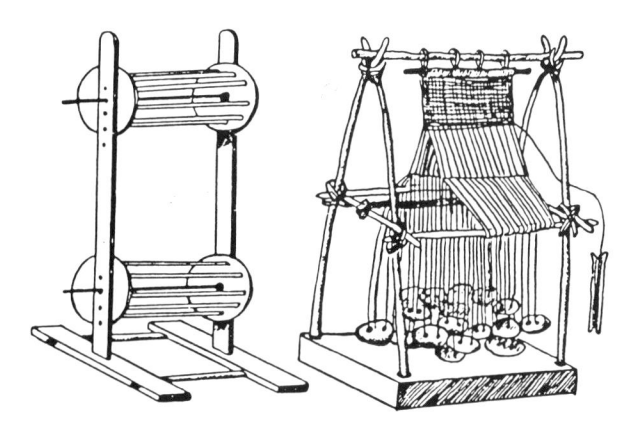

Weber-Haspel   Römischer Webstuhl

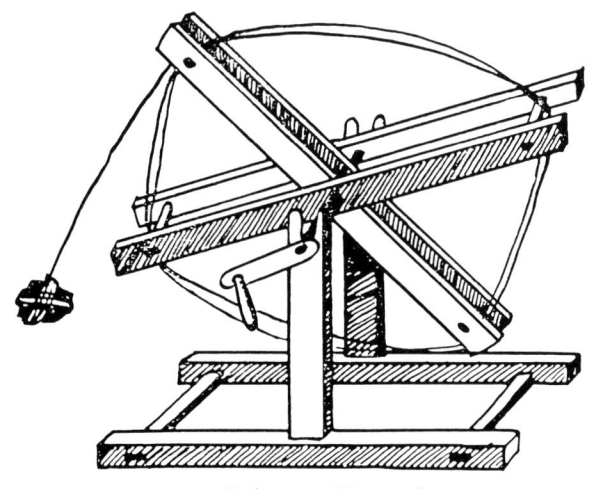

Scheren-Haspel

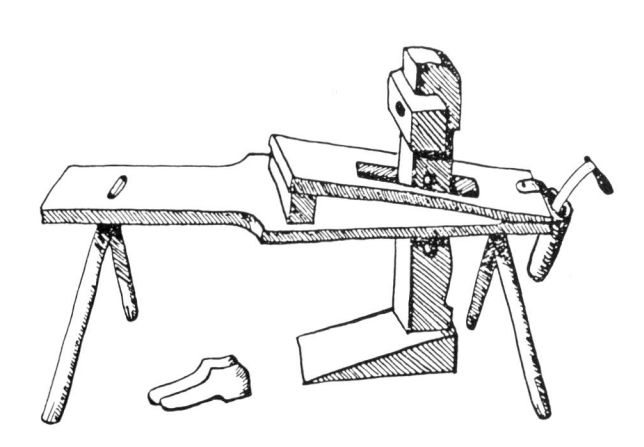

Hoanzel-Bank

Flachs-Riffel

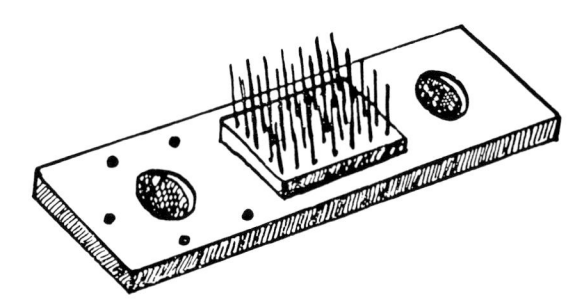

Flachs-Hachel

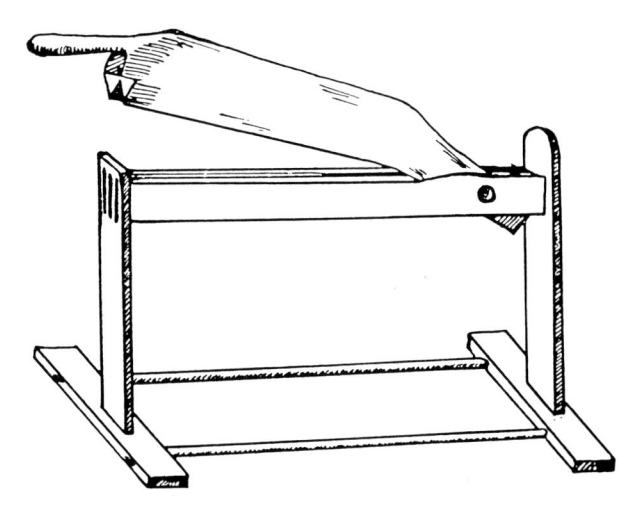

Flachs-Brechel

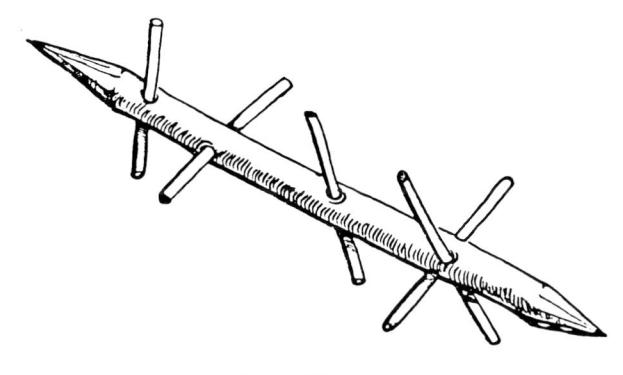

Heu-Hibler

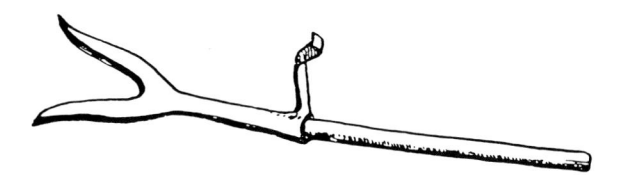

Heu-Treter

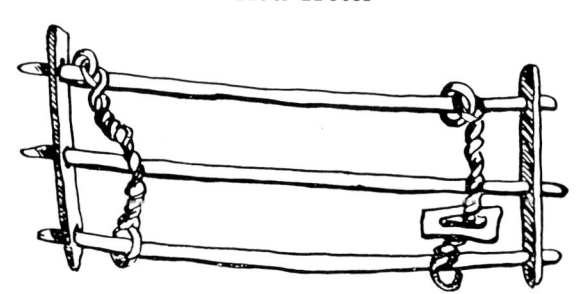

Zugferggel

Doppelte Tragferggel

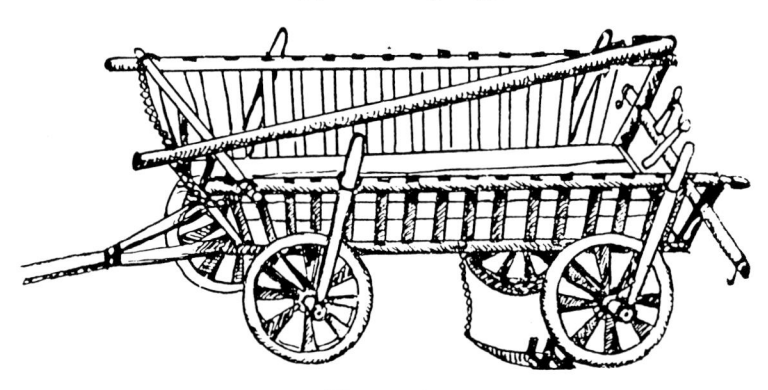

Heuwagen

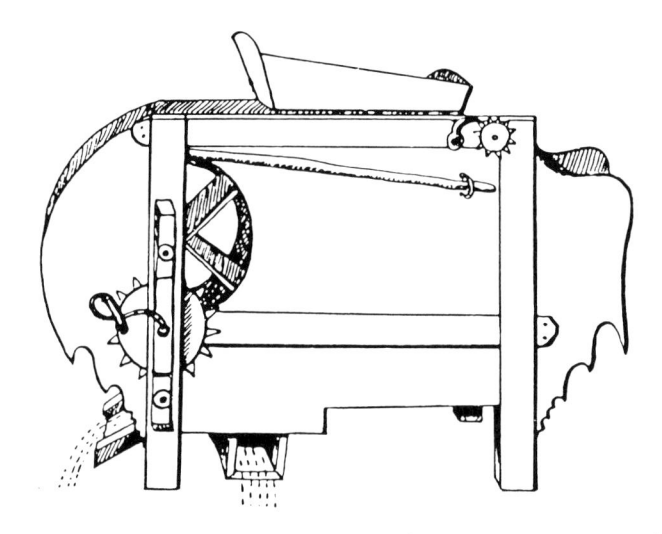

Windmühle

Pflugarl

Arl mit Streichbrett

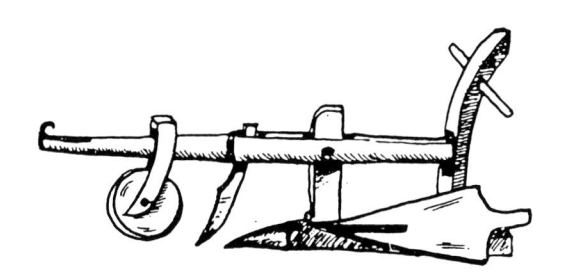

Radarl

Auf den Seiten 61, 62 und 63 sind typische bäuerliche Geräte dargestellt, wie sie bis vor zwanzig, dreißig Jahren in sehr vielen Bauernhöfen anzutreffen waren. Vor allem bei den Geräten der Flachs- und Wollverarbeitung hat es ein jähes Ende und damit – fast – ein endgültiges Vergessen gegeben. Der überwiegende Teil der kleinen Heimatmuseen, von denen es in Österreich mehr als tausend gibt, hat diese Geräte gesammelt. Hoanzelbank, Webstuhl, Heu-Hibler (oder Hiefler) und Heutreter sind vereinzelt noch in aktuellem Gebrauch.

HOLZ, STROH UND LEHM

„Arthur hat seinen Körper mit Lehm bestrichen. Er trocknet auf seiner Haut und wird beinweiß. Arthur, mit langem Haar, schaut aus wie ein Schamane, wie ein Medizinmann des Baugewerbes.

Am Sonnenhang von Schluderns entsteht ein Fachwerkbau. Kein Beton, möglichst wenig Metall, dafür Ziegel aus Lehm, Stroh, Kork und Sand. Das tragende Element ist Holz. Der Bauherr ist von Beruf Zimmermann. Entworfen wurde das dreistöckige Haus in Zusammenarbeit mit einer Architektin.

Baubiologie. Eine neue Heilslehre. Oder auch uralt. Arthur, der Vorarbeiter, gelernter Maurer, Ofenbauer aus Berufung, schwört auf die heilende Kraft des Lehms. Die fünf Kinder des Bauherren spielen vor dem Haus, das in langsamer Handarbeit, fast ohne Einsatz von Maschinen, vor ihren Augen wächst. Manchmal helfen sie auch mit. Jetzt aber lachen und spielen sie. Überall stehen Ziegel herum. Drei bis fünf Tage brauchen sie zum Trocknen. Sie werden also nicht gebrannt. Das wäre schon zuviel an technischer Verfremdung. Zurück zur Natur, zur Einfachheit, zur Lehmhütte.

Die Arbeiter sind Individualisten. Kurt ist gelernter Steinmetz, Heinz wird der Starke genannt. Manchmal lockt das schöne Wetter, dann geht Arthur klettern. Die Bedürfnisse des Lebens sind wichtiger als das Funktionieren. Ute, ein Mädchen wie aus Milch und Honig, arbeitet zäh und ausdauernd, Ulrich der Ökologiestudent, versucht sich ans Arbeiten zu gewöhnen; statt Wörter werden Ziegel geformt, statt Argumente werden Böden gestampft. Stöhnt er griechisch oder lateinisch? Schwitzen tut er jedenfalls ganz normal."

HANS WIELANDER

Sonderliches von Vaganten & Wanderhändlern

Ab dem 18. Jahrhundert werden z. T. durch Kaiserin Maria Theresia genaue Regelungen über das Handeln und das spezielle Recht der einzelnen Talschaften getroffen. Ausgeprägte Fertigkeiten werden entwickelt, besondere Spezialisierungen bilden sich heraus: Fassataler Maler, Grödner Schnitzer, Defereggen Textilhändler und Hutmacher, Zillertaler Ölträger und Liederhändler, Tessiner und Savoyardische Rauchfangkehrer, Engadiner Zuckerbäcker, Montafoner Krauthobler, Pitztaler Wetzsteinhändler, Lechtaler Stukkateure, Paznauntaler Maurer, Stubaier Kleineisenfabrikanten...
Vaganten und Wanderhändler handeln mit diesen Produkten und ziehen durch alle Länder Europas.
Regionale Besonderheiten sind die Oberinntaler, Engadiner und Vinschgauer LANIGER, DÖRCHER, KARNER (als Sägefeiler, Regenschirmmacher, Kesselflicker, Scherenschleifer, Hafenbinder)... Arbeiten am Rande der Anerkennung. Nachrichten vom Leben der Ärmsten, von sozialer Not und Ausbeutung.

DIE KAPPLER PREDIGT

Am 21. Oktober 1825, am 22. Sonntag nach Pfingsten, hielt in der kleinen Bergkirche von Kappl im Paznauntal in Tirol der Kurat *LINDENTHALER*, deswegen in den folgenden Jahren der „Paznauner Abraham a Santa Clara" genannt, die berühmte, gepfefferte Predigt an die „Winterherren und Langesbettler":

Sappermost! Dieser Herr muß ja von Haus aus ein Millionär sein. Es ist nicht so. Seine Frau Mutter, Madame Marie, ist erst gestern beim Nachbarn gewesen um Erdäpfel zu betteln und hat sich beklagt, sie habe nicht einmal genug zu essen und sei so arm wie eine Kirchenmaus; denn ihr Herr Sohn habe das in der Fremde verdiente Geld an die Kleider gehängt. Ja freilich, so machen es diese unbesonnenen Menschen, sie lassen ihre Eltern zu Hause am Hungertuche zappeln und sie selbst machen um 10 000 Gulden Wind...

‚Aber apropos! Was hast du denn deinem Mädel aus der Fremde mitgebracht?' – ‚in seidenes Regendach, um 9 Gulden in Paris gekauft.' – ‚Ah geh mit deinem Regendach!' sagt ein anderer. ‚Das ist ein sonderbares Liebesgeschenk, das kannst du einem alten Weib verehren. Hör nur, ich habe meinem Mädel ein schönes Parasol gekauft...!' Freilich dein Mädel braucht einen Sonnenschirm, um ihn im Sommer den Berg hinauf über den Mistkorb zu hängen, damit der Mist nicht austrocknet sondern hübsch saftig und schmackhaft bleibt. Oh, ihr Toren! Merkt ihr es noch nicht, daß euch bald statt der Haare Stroh aus dem Kopf herauswächst?

Doch der Torheiten ist noch kein Ende. Sapperment! Da springt wieder ein galanter Herr vorbei. Da heißt es: ‚Herr Kollege, wohin so eilig?' – ‚Ich geh zum Mariele, ich habe ihr aus Paris ein seidenes Paar Handschuh mitgebracht. Sie kosten drei Gulden 40 Kreuzer!' Ja, ja, da hast du wohlgetan, daß du deinem Mariele seidene Handschuhe aus Paris mitgebracht hast; denn es möchte sonst seine Hände beschmutzen, wenn es die Erdäpfel schält oder die Hennen greift oder den Schweinestall ausmistet..."

„Im heutigen Evangelium befiehlt uns der Herr: ‚Gebet dem Kaiser, was des Kaisers ist, und Gott, was Gottes ist'. Aber bei diesen Worten fällt mir noch etwas Besonderes ein: Jedem gehört das Seine; mithin auch den Kapplern und allen Paznaunern das Ihrige. Aber was gehört ihnen heute? Antwort: Eine Strafpredigt!

Doch nein! Wo bin ich heute? Bin ich wohl bei den Kapplern im Paznaun? Ich zweifle gar sehr; mir kommt alles so spanisch vor. Bin ich am Ende gar in London oder in Potsdam, in Prag oder Amsterdam, in Berlin, in Paris oder Wien? Sapperlott, wo bin ich denn? Ich sehe nämlich heute lauter Herren, und zwar flott und nobel gekleidete Herren vor mir, daß mir da oben auf der Kanzel der Schwindel kommt vor lauter noblen und aufgeputzten Herren? Ach so – jetzt kenne ich einige davon: es ist ein eingefleischter Paznauner Klötz! Doch beileibe, sei fein höflich! Sie nennen sich jetzt im Winter Herren: sie sind Herren Maurer, Herren Steinmetz, Herren Kalkrührer. Aber Herren sind sie bloß im Winter. Im Langes (Frühjahr) sind sie Drahtzieher, Schnallendrücker, zu deutsch: Bettler. Und nachher, im Sommer, da sind sie gesteckt voll Läus... Ja freilich, wohl Herren, lauter Herren, ein schöner Titel ohne Mittel. Ich habe schon gesehen, daß die Affentreiber ihre Affen mit Herrenröcken bekleidet haben, aber deswegen sind sie doch leibhaftige Affen geblieben, und so mögen sich auch die Kappler meinetwegen wie türkische Mufti oder wie der Kaiser von Krähwinkel kleiden, so sind und bleiben sie doch Handlanger, Maurer und Kalkrührer: Sapperment! Da kommt einer hereingesprungen ins Wirtshaus, das muß ein Reichsgraf sein; hat einen seidenen Hut, einen Sammetfrack, gewichste Stiefel, einen hohen Stehkragen, in dem das verwilderte Haupt wie ein Kürbiskopf steckt. Auch hat er eine silberbeschlagene Tabakspfeife und an der goldenen Kette hängt eine prachtvolle Repetieruhr.

Also wurde der eifrige Kurat deswegen einen Tag lang ins Gefängnis gesteckt. Aber die Rede blieb als eines der großen Dokumente über den Zeitgeist und das Leben der Gastarbeiter von anno 1825 erhalten.

Wetzet das Messer
flicket die Pfannen
ziehet den Karren

Es sind die „unredlichen" Handwerke. Obenauf sind die Braven, die Ehrhaften, die ins Dorf, in die dörfliche Gemeinschaft Eingegliederten, die bäuerlichen Handwerker.

Die offiziell Anerkannten:
Ganz unten in der Sozialhierarchie des alten Dorfes stehen und vegetieren die Außenseiter, die an den Rand Geschobenen, diese Menschen, die sich selbst an den Rand des Dorfes schieben und schieben lassen.

Von diesen handelt ein wichtiges Kapitel des dörflichen Handwerks. Weil sie aber nahezu unentbehrlich waren, weil sonst niemand die speziellen Arbeiten so meisterhaft durchführen konnte und weil sonst niemand diese minderen Arbeiten durchführen wollte, waren sie geduldet:

SCHERENSCHLEIFER
PFANNENFLICKER
HERUMZIEHER
VAGABUNDEN...

In den Alpentälern der Schweiz, in Nord- und Südtirol haben sie eine besondere Rolle gespielt. In letzten Resten spielen sie heute noch eine Rolle. Einer davon ist Franz *GRÜNAUER* aus Telfs.

„Messerwetzen für den Lebensunterhalt: Der Telfer Franz Grünauer ist einer der letzten fahrenden Scherenschleifer Österreichs."
(*FREIBERGER*, September 1989)

Der Schleyffer.

Ich schleiff sehr scharff auff meim schleyff
Messerklingē/mittl/groß vnd klein/ stein
Feyln/Schlösser/beyder allewegn/
Helleparten/Dolch/ Schwert vnd Degn/
Allen Harnisch zu Fuß vnd Roß/
Halb vnd gantz Hacken/ zum geschoß
Reithämer/Partisan/ich zier/
Auch auff der Scheiben ich palier.

Aus der Zeit um die Jahrhundertwende im Tessin:
herumziehende Scherenschleifer errichten hier
wie anderswo ihre mobile Schleif-„Werkstatt" auf Straßen und Plätzen.
Frauen bringen ihre stumpfen Küchenmesser und Scheren,
Männer kommen mit Hacken und Beilen.
Morgen ziehen sie weiter.

Franz GRÜNAUER aus Telfs in Tirol
gehört zur tirolerischen Gattung der fahrenden Scherenschleifer und Messerwetzer:
Er gilt als der wahrscheinlich letzte Vertreter seiner Zunft
in Österreich und darüber hinaus.

SCHLEIFERLIED

Lustig.

1. I bin der Schleifer aus Paris,
Schâr'n schleif'n kånn i g'wieß;
I schleif die Mösser und die Gòbl
Und die Madlan â in Schnòbl.
Wås geht dås dich ån?
Dich geht's gòr nichts ån,
I bin a Schleifersmånn, juhe,
Bin a Schleifersmånn!

2. Wenn mar d'Weiber gschliff'n hòbm,
Då göign sie wiederum a Ruah;
Mir sötz'n uns in der Schnåpsbutik
Und saufen wieder zua.
Wås geht dås dich ån? – usw.

3. Wie miar sein ins Sellrain gråast,
Hòbm ins Madlen in Schleifståañ gsåacht
Aus Eifersucht und blååßn Neid,
Miar hòb'm innische Weiberleut,
(auch: Weil mar hòb'm Tercherweiberleut).
Wås geht dås dich ån? – usw.

4. Uns Schleifer und Tercher geht's jå guat,
Miar sein überåll dahuam,
Kinder hòb'm mer gånzi Schåår'n,
Mächt graus'n ünser G'muañ'.
Wås geht dås dich ån? – usw.

5. Kordonist'n und Lånz'njäger,
Jå dia hòb'm uns auf der Mugg,
Von Kreisgericht mòg i gòr it röd'n,
Sie schiab'n uns glei fort.
Wås geht dås dich ån? – usw.

6. Der Bett'lstanz kimmb[t] hint'n drein,
A recht a grober Knoch'n,
Und frågt, wo miar d'Schrift'n hòb'm
Wohl für den Schleiferskårr'n.
Wås geht dås dich ån? – usw.

7. Die Bett'lstanz sind weltbekånnt,
Åls rechta grobe Knoch'n,
Sie woll'n unser'n innisch'n Åd'l,
Heut gänzlich unterjoch'n.
Wås geht dås dich ån? – usw.

8. Då setzt er seine Gugger auf
Und will uns're Pass' visieren;
Darweil hòb'm mir'n schua z'Bod'n g'håb[t]
Und d'Weiber tüen ihn balwier'n.
Wås geht dås dich ån? – usw.

9. Wenn unser Weiber pfligle giehñ
So lieg'n miar in Schòt'n
Und trink'n unsern Brantweiñ aus
Und låss'n die Bau'rn bròt'n.
Wås geht dås dich ån? – usw.

Das „SCHLEIFERLIED" gehört zu den seltenen Dokumenten eigenständigen Liedgutes der Fahrenden, die in Tirol „Laniger", „Dörcher" oder „Karner" genannt werden.
Das Lied ist – selbstverständlich – auch in hohem Maße erotisch, mit derben Vergleichen und anzüglichen Andeutungen. Wichtig sind hier auch die konkreten Ortshinweise, zum Beispiel auf das Sellraintal und auf den Ort Mötz, einem der wichtigsten Standorte dieser inneralpinen Minderheit, dieser höchst interessanten Wanderhändler, Musikanten, Herumzieher…

Franz GRÜNAUER ist wohl dieser vielleicht letzte Scherenschleifer seiner Art. Seine Heimstätte ist ein Wohnwagen. Sein Werkzeug sind Wetzsteine und Schleifscheiben. Sein Leben verläuft wie das seiner Vorgänger durch etliche Jahrhunderte. Landauf landab ziehend, nirgends beheimatet, bestenfalls geduldet; nie ohne feste Wohnstätte; ehemals im Karren unterwegs, später mit Autos. Immer am Rande der Gesellschaft der naserümpfenden „*feinen*" Bürger. Bis der Messerwetzer zum Messer griff. Seitdem ist seine Behausung die Strafanstalt. Seitdem kann er nicht mehr messer- und scherenschleifend durch die Länder ziehen.

Vielleicht sterben sie überhaupt aus, die herumziehenden Pfannenflicker, Scherenschleifer, Korbmacher, Geschirrhändler.

Die Sozial- und Kulturgeschichte weiter Teile Europas, insbesondere der Alpen ist ohne diese Wanderhändler recht farblos, allzu harmonisch und brav.

Die Außenseiter sind notwendig.

Einige von ihnen waren die Geiger, die Wandermusikanten, die Geschichtenerzähler, die Poeten. Also waren sie die Würze im dörflichen Leben, waren die spannenden Kehrseiten und die kleinen Skandale. Sie waren als Außenseiter im Dorf die Gegenpole zur spießbürgerlichen Biederkeit der Etablierten und der gestandenen Bauern.

Das Kapitel muß erst geschrieben werden: Kein Land hat sich dieser interessanten Menschen und Kultur angenommen. Alle Geschichtsschreiber, Heimatforscher, Geschichtsbuchschreiber haben an ihnen vorbeigeschrieben.

Am Beispiel der

ALPENLÄNDISCHEN VAGANTEN

versuche ich, eines der spannendsten Kapitel, eines für Heimatidylle gar nicht zuträglichen Bildes, mit einigen Anmerkungen, Zitaten und Nachrichten, zu erzählen und zu dokumentieren.

Im Pfarrarchiv von Mieming, Bezirk Imst/Tirol, liegen in der Mappe „*ARMENSACHEN*" Urkunden, Schriften, Nachrichten über die in der Pfarre ansässigen bzw. zur Pfarre zuständigen KARNER, LANIGER, DÖRCHER.

Im Pfarrarchiv heißen sie „*LANDGEHER*". Am Beispiel der Sippe der „*GLATZ*" habe ich die Familien- und Berufsgeschichte zwischen 1749 und 1874 erhoben. Demnach waren Mitglieder der Familie *GLATZ* in folgenden Berufen, Tätigkeiten und Arbeiten unterwegs (Doppel- und Mehrfachnennungen werden beibehalten; die „*Handwerker*" werden herausgestellt):

„*Vagabundus, Molitore, Kaiserjäger, Landschütz, GESCHIRRHÄNDLER, Eisenbahnbau, Eisenbahnarbeiter in Württemberg, Spinnereifabrik, Fabriksarbeiterin in Lechhausen, SAGENFEILER in Brunau, KORBHANDEL, AMPRELLMACHERIN, Hadernsammlerin, Magd, Magd, REGENSCHIRMMACHER, Landgeher-Leute, SCHABER, KETTLER, SCHLEIFER, Kaiserjäger, REGENSCHIRMMACHER, KESSELFLICKER, KORBMACHER in Telfs, Hausierer, beim Arltunnel, Wäscherin, Taglöhnerin, Wäscherin, Knecht, beim Müller in Ranggen, Kaiserjäger, Weichenwächter in Völs, Bäckergesell, Prostituierte, Handel mit Similan(?)-Ringen, Obsthändlerin, Landstreicherei, AMPRELLMACHER von Ehrwald, Kaiserjäger, REGENSCHIRM-Reparateur, Zuhälterin, SCHLEIFER (2), Taglöhner, HAFENBINDER-Leute von Mötz, ambulanter GLASER, KLEMPFNER und REGENSCHIRMMACHER, Kleinhändler, KORBMACHER, Ziegelarbeiterin, beide leichten Sinnes, KORBMACHER, Kaiserjäger, in Baiern in Fabrik, Fabriksarbeiter in Immenstadt, aufn Ziegelstadel, GESCHIRR-Händ-*

ler, Unterschweizer in Nesselwand, Fabrik Reutte, Fabrik Koltern bei Kempten, Fabriksarbeiter in Immenstadt, Fabriksarbeiter, Vagabund, Fabrik zu Reutte, UHRMACHER, KORBFLECHTER, wandernd, Wiener Ziegelöfen, Taglöhnerin."

Da ist eines klar: Einige Angehörige der Sippe versuchen, sich durch *„ehrenhafte"* Tätigkeiten gesellschaftlich zu etablieren, versuchen sich zu integrieren, werden also Kaiserjäger, arbeiten bei einem Müller oder sind Bäckergesell.

Der überwiegende Teil bleibt der Sippe treu, handelt und arbeitet, wie es üblich ist.

Diese Oberinntaler *„Landgeher"* (auch Dörcher, Karner oder Laniger genannt) sind gleichzeitig auch die ersten Fabriksarbeiter und damit die ersten Proletarier des Landes.

In einigen Tiroler Tälern, so auch im Ötztal, bestand zwischen ca. 1800 und 1920 ein generelles Tanz- und Hausmusikverbot.

Es wird überliefert und kann durch einige Nachrichten bestätigt werden, daß hier die Außenseiter, die Diskriminierten, also die Laniger als Musikanten tätig waren. Als Geiger spielten sie bei Kirchtagen und vor allem bei den kirchlicherseits verbotenen und gar arg bekämpften *„Winkeltänzen"*. Als Ziehharmonikaspieler sind sie bis in die Gegenwart selbstverständlicher Bestandteil der großen Fasnachten von Telfs (Schleicherlaufen), Imst (Schemenlaufen) und Nassereith (Schellerlaufen). Mit der *„Labera"* (dem Spott-Singen) dürfen sie die Vorkommnisse im Ort bissig, satirisch, derb besingen. Diese Spieler und Musikanten gehören auch heute der *„Laniger"*-Gruppe an.

Aber es sind in der Regel nicht mehr Original-Laniger.

Ihre Möglichkeiten aber, frei und unzensuriert die Meinung zu äußern, sind geblieben.

Ein Stück ganz besonderer Sozialgeschichte ist das Leben und Wandern der

MARIA SCHERRER

aufgezeichnet im Jahre 1870, überliefert in den Archiven des Pfarrarchivs von Unter-Mieming, in den *„Notizen über Dörcher"*:

Maria Scherrer, geboren 1817 zu Niedervintl, stammt von Geschirrhändler Eheleuten auf der Durchreise. Ihr Vater war der Sohn eines abgehausten Bauers zu St. Martin in Passeier, dessen Witwe mit ihm Kurzwaren verhausieren umzog, wobei er eine 18jährige Landgehertochter kennen lernte, mit ihr nach Waraschdin in Ungarn zog, sie dort zu ehelichen, dann in St. Martin nochmal getraut wurde und fortan zwischen Südtirol und Pusterthal samt Familie Geschirr- und Früchte handelte, bis er im Spitale zu Bozen starb; die Wittwe mußte nun Roß und Wagen verkaufen und mit einem Ziehkarren die 7 Kinder weiterschleppen, wobei ihr ein Dörcher half – als Zuhälter –, aber schon nach wenigen Tagen mit einer anderen samt dem Karren davon zog, und als ihm jene diesen nicht lassen wollte, sie durch einen Messerstich tötete. Die 7 Kinder stattete dann die Gemeinde St. Martin bei Bauern aus: 2 sind nun Bauernknechte, eine ist Obermagd, Anna die Älteste ist an einen Weber verehelicht, Josef als Zimmermann in Schöne verehelicht, nur obige Maria, damals 17 Jahre alt, hatte bereits mit einem Burschen aus der Steiermark eine Liebschaft, entfloh dorthin, kam vor Villach zu einem Amprellmacher, der ihr von der Heimat einen Paß zum Dienste bei ihm ver-

wirkte und mit ihr 14 Jahre umzog, während er seine Frau zu Hause ließ. Seiner überdrüssig ging sie mit Josef Schönach nach Neustift bei Brixen Zunder- und Geschirrwarenhändler, erst Wittwer mit 3 Kindern. Zwar kam sie zweimal auf Schub nach St. Martin, erhielt aber immer wieder als Amprellmacherin und Händlerin einen Paß, so daß sie sich 6 Jahre zu Schönach halten konnte.

Da ihr aber Schönach sogar das Handwerkszeug versoff, so ging sie lieber mit dem Dörcher Johann Georg FALGER von Mieming, geb. 1825, damals also – 1855 – 30 Jahre alt, der eben nach Kärnten auch Geschirr etc. handelte. Er hatte eine Schwester bei sich, die sich dann zu einem anderen Dörcher hielt. Allein an einer Augen-Entzündung erblindete Falger und wurde nach Mieming von ihr begleitet, kam ins Spital nach Imst, wurde bald als unheilbar entlassen und erhielt als Blinder einen Handelspaß, worin seine Zuhälterin als „Führerin" stand. Diese machte nun mit dem blinden Mann auf Kosten des Mitleides die besten Geschäfte, aber desto anspruchsvoller wurde der Blinde und drohte ihr stets, er nehme sich eine andere Führerin. Diese aber verwirkte sich von der Gemeinde 1860 die Lizenz, sich mit ihm zu verehelichen, durch das Versprechen, dem Blinden auf Lebzeiten zu versorgen. Nun war sie Herr, der Blinde Mann aber dieser Herrschaft so überdrüssig, daß er 1867 in die Gemeinde zurückkam und diese ihn erhalten sollte, was sie nicht tun wollte. Darüber voll Gram verkroch sich das Weib an einem kalten Winterabende in einen Streuhaufen, wobei die vorstehenden Füsse so erfroren, daß man sie ihr abnehmen mußte. Nun vom Schicksalswechsel bis zum theilweisen Irrsinn gebeugt wird sie seither von der Gemeinde im Armenhause, der Blinde aber hier erhalten, wohl zur Strafe, daß sie a) die 12 Kinder der abgehausten Falger-Familie ihrem Schicksale überließ, b) den blinden Falger endlich sogar mit einem Konkubinatspasse fremden Almosen überließ.

Allein das Wichtigste dabei scheint doch das zu sein, daß darüber niemandem ein Gewissenskrüngel kam oder kömt, ja dieses so wenig, daß der Blinde statt seines Weibes (im Irrenhaus) heuer eine zeitlang das Weib eines Maurers von hier zu sich ins Gemeindequartier, dann mit auf Wanderung nahm, bis sie endlich der Vorsteher in ein anderes Quartier zwang, zwei Wohltäter aber theilweise die Kosten trugen, um nicht den Vorwurf zu hören:

„Die Dörcher muß man gehen lassen. Während eben 5 ledige Kinder dieser Falger zw. 13-18 Jahren ziemlich gut thun, weil man sie nicht gehen ließ."

Im nordtirolischen Oberinntal heißen sie seit mehr als 250 Jahren GRÜNAUER, MONZ, GLATZ, FALGER.

In einigen Dörfern leben sie noch gemäß der ihnen eigenen Tradition. Aus dem Verband der Sippen lösen sich nach und nach fast alle Kinder, passen sich an, lernen sich einzufügen, legen ihre Besonderheiten ab, werden voll integriert, lassen ihre Lanigeridentität zurück, beginnen sich zu distanzieren. Sie gehören somit zur Gilde der angepaßten Bürger und Wähler.

Jeweils ein Sohn oder eine Tochter verbleibt aber in der Sippentradition, wohnt im Wohnwagen oder in der Hütte abseits der Dörfer, handelt mit Waren aller Art, versucht, den Lebensunterhalt mit Scherenschleifen, mit Taglöhnerei, mit Besenbinden und neuerdings als Altwarenhändler, Schrotthändler, Altautoverwerter… aufzubessern.

Sie haben sich bis in die Gegenwart ein paar sprachliche Besonderheiten be-

Kesselflicker in der Windecker Gegend um 1890.

wahrt. Sie sprechen eine GEHEIMSPRACHE, eine Art GAUNERSPRACHE, die stark durchsetzt ist von Ausdrücken aus dem Janischen, die teilweise vergleichbar ist der Musikantensprache in Wien oder Niederösterreich. Fast alle leben zurückgezogen, sind Außenseiter.

Nur zwei, drei sind in den letzten Jahren schreibend und dichtend bekannt geworden. Einer von ihnen ist Romedius MUNGENAST.

Gerald NITSCHE hat in seinem Buch „Österreichische Lyrik – und kein Wort Deutsch" Literatur der Minderheiten dokumentiert.

Romedius MUNGENAST kommt mit einigen Texten zu Wort. „Jenische Reminiszenzen" enthält Nachrichten über das gar nicht schöne, harmonische und schon gar nicht idyllische Leben dieser diskriminierten „Natur"-Menschen.

„JENISCHE REMINISZENZEN"

Der Vater arbeitet nichts
> **Der Pari schinaglt novus**

und kriegt er Geld,
> **und gschtibt er a Lowi,**

versäuft der jeden Schilling.
> **verblåst er jeden Schugg.**

Den 5 Kindern treibt es oft
> **Die 5 Rångerlen treibts of**

die Augen heraus vor Hunger.
> **die Scheinling außi vor Kohldåmpf.**

Die Mutter geht betteln,
> **Die Meing nascht pfliagln,**

daß die Kinder zu essen kriegen.
> **daß d'Rångerlen z'buttn gstibn.**

Die Leute im Dorf reden
> **Die Ulmen im Gei tibern**

nicht gut von uns.
> **novus gwant von uns.**

Heute hat Vater 2 Körbchen geflochten,
> **Heut håt der Pari 2 Schottelen pflånzt**

und die Mutter ging sie verkaufen.
> **und die Meing isch verbåschn gnascht.**

Einen Bauer hat sie gefragt,
> **An Gatschi håt sie gfragglt,**

der hat sich die Körbchen angeschaut
> **der håt die Schottelen ångspånnt**

und in Ordnung – gesagt.
> **und – schibus – gschmalt.**

Beide hat er abgekauft und dafür
> **Beade håt er åbåscht und dafür**

ein Kilo Butter, einen Rucksack
> **an Kilo Schmunk, an Schnerfer**

voll Kartoffeln und ein paar
> **Schuntpollen und a påår**

Äpfel gegeben.
> **Bummerling glengt.**

Und weil ihr der Hunger
> **Und weil ihr der Kohldampf**

aus den Augen geschaut hat,
> **bei die Scheinling außergspånnt håt,**

hat sie noch eine Schale Kaffee,
> **håt sie no a Scholn Bräunling,**

einen Speck und ein Brot bekommen.
> **an Fenrich und a Maro gstibt.**

Unser Vater war ein Teufel.
> **Inser Patrus wår a Niggl.**

War er besoffen, hat er im
> **Isch er blåst gwes'n, håt er in**

Gasthaus gerauft, und daheim
> **der Koberei gråmpft und dahoam**

Frau und Kinder geschlagen,
> **Mosch und Rångger gufft,**

bis die Gendarmen gekommen sind.
> **bis die Glischti gstolft sein.**

Oft hat ihn das Gericht zur
> **Oft håt ihn des Gfikt åls**

Strafe ins Gefängnis gesteckt.
> **Schumpus tån.**

Auf Schulden hat er vom Wirt
> **Auf Bummen håt er vom Süchtner**

den Schnaps und das Bier geholt,
> **den Gfunktn und s'Blomb gholt,**

dann sind wir gegangen
> **sein mir abgnascht**

und haben uns versteckt.
> **und håbn ins verstockert.**

Für meine Erstkommunion
> **Für meine Erstkommunion**

hab ich vom Pfarrer einen Anzug
> **håb i vom Golloch an Mali**

bekommen und neue Schuhe.
> **neie Trittling,**

weil ich am Sonntag immer
> **weil i am Sonntåg ålleweil**

mit einem dreckigen Hemd und
> **mit am schuntigen Hanf und**

einer dreckigen Hose,
> **oaner schuntigen Bux,**

die am Hintern kaputt war,
> **die am Schunter mulo wår,**

in die Kirche gekommen bin.
> **in die Diftl gstolft bi.**

Aus uns Kindern sind schöne
> **Aus uns Ranggerlen sein schugger**

Burschen und Mädchen geworden.
> **Hegelen und Möschelen gwoarn.**

Der Vater ist im Irrenhaus
> **Der Pari isch im Gschutztenkannele**

gestorben, und die Mutter im Bett
> **pegert, und die Meing in der Senft**

eingeschlafen und zu Gott gegangen.
> **turmt und zum Paratebl gnascht.**

Jenisch wird nirgends mehr geredet.
> **wird novus mehr tibert.**

Reminiszenzen bleiben.
> **Reminiszenzen bleibm.**

Laniger, Karner bzw. Dörcher waren auch als Maronibrater unterwegs.
Romantisierend-idyllisch sind die meisten zeitgenössischen Darstellungen
aus dem 19. Jahrhundert.
Hinter dem Maronibrater der typische Planenwagen und das fromme „*IHS*" auf der Wiege...

"SCHWABENKINDER", SKLAVENHANDEL, AUSBEUTUNG...

Das wohl finsterste Kapitel der heimischen Lokalgeschichte von Vorarlberg, vom Schwabenland, vom Oberinntal und vom Vinschgau ist zwischen 1800 und 1910 geschrieben worden.

Im Jahre 1908 brachten amerikanische Zeitungen in ihren Berichten über den „deutschen Sklavenmarkt" internationales Aufsehen für diese „Schwabenkinder": Im Volksblatt von Cincinnatti heißt es am 10. April 1908, daß eine „*mehr als hundert Jahre alte Einrichtung... diesmal in den Grenzprovinzen von Österreich, der Schweiz und Deutschland einen ungewöhnlichen Sturm der Entrüstung erregt*" hat. Und einige Tage später:
„*Das muß ein trauriger Anblick gewesen sein dieser Tage in Friedrichshafen, Deutschland, als der jahrhundertalte Kinderarbeitsmarkt wieder anfing. Auf einem öffentlichen Platz, günstig ausgestellt waren die drei- oder vierhundert Jungen und Mädchen zu sehen – keiner über vierzehn Jahre alt – um in eine siebenmonatige Knechtschaft für die Meistbietenden geschickt zu werden. Zutiefst erniedrigend muß es für die kleinen Leute gewesen sein, von stiernackigen Bauern gemustert zu werden und gekniffen, ihre Vorzüge und Nachteile vor aller Welt erörtern zu lassen, als ob sie eine Partie Kälber oder Hühner wären.*
Die weniger Anziehenden der Gruppe wurden billig zu Ausverkaufspreisen verkauft – wahrscheinlich an die dümmeren, knauserigen und gierigen Grenzbauern. Waren sie einmal in diese zeitweise Sklaverei übergegangen, wurden sie von keinem Gesetz beschützt. Wie ihre Herren befahlen, konnten sie gebraucht werden zu Viehhüten, Hausarbeit, Stallausmisten, Kinderhüten, Viehfüttern und Botengängen. Sie sollten Haus- und Feldsklaven werden..."

Um 1840 wanderten aus Vorarlberg etwa 5 800 Personen aus. Aus dem Oberinntal waren es 6 200 und aus Trient 9 600. Allein aus Vorarlberg und dem Oberinntal auch etwa 1 300 Kinder. Allein aus dem Bezirk Landeck sind in den Jahren zwischen 1877 und 1914 aufgrund der ausgestellten Pässe an Hütknaben und Hütmädchen die Zahlen erschreckend:
1877 waren es 227, 1905 waren es 133 und 1913 immer noch 123.
Genaue Zahlen existieren nicht. Schätzungsweise gingen am Höhepunkt der Kinderarbeit im Schwabenland bis 3 000 Kinder aus Tirol und Vorarlberg auf Saisonarbeit.
Wer hat weggesehen? Wer hat verhin-

Kindermarkt in Ravensburg.
Aus der Zeitschrift „*Gartenlaube*" Berlin 1895.

Dazu ein erschütterndes Zitat,
niedergeschrieben von dem lokalen Heimatforscher TSCHALLENER in seiner
„Beschreibung des Paznaunertales in Tirol":

*„Mit abgewendetem Gesichte, bitter weinend, peitschte ein Vater sein Kind,
welches das erste Mal ins Schwabenland gehen mußte, mit der Rute,
damit es einerseits eher gehe und andererseits unterm Sommer
vom Heimweh weniger geplagt werde."*

dert? In gleicher Weise klage ich an, daß die Regierung nicht eingegriffen hat, daß die Kirche kaum und dann viel zu spät geholfen hat, daß die armen Tiroler Untertanen das Sklavendasein hinnehmen mußten (gottgewollt in der Zeit der Multifamilien mit zehn und mehr Kindern), daß die reichen Schwaben ihre Sklaverei schamlos ausnutzen konnten.

Und die Kehrseite der anderen Medaille:

WANDERHANDEL & PROSTITUTION

In der zweiten Hälfte des 18. Jahrhunderts galt in den großen Städten Deutschlands, galt im allgemeinen Sprachgebrauch

TIROLERIN ≈ PROSTITUIERTE

Viele Tirolerinnen waren handelnd unterwegs; mit Tüchern, Bändern, Nähnadeln, Schnallen. Schließlich auch mit ihrem Körper. War es der Druck der Armut? Oder gar die scheinbar unabänderlich-romantische Naivität? Oder die Raffinesse und der Drang, es den überaus geschäftstüchtigen ZILLERTALERN nachzumachen, viel Geld und Ruhm beim Handeln und Singen einzuheimsen?
Tirol war in aller Munde.
Zillertal und Aktion in einem.

„Merkwürdiges Leben einer sehr schönen und weit und breit gereisten Tirolerin, nebst vielen andern anmutigen Lebens- und Liebesgeschichten"

heißt ein 1744 in Leipzig herausgegebenes Buch eines gewissen Jacques LE PES-NIF (wohl ein Pseudonym).

Eine kleine Kultur- und Sozialgeschichte also, umgeben vom Handel mit Waren aller Art, mit dem Vertreiben handwerklicher Produkte aus weiten Teilen der Alpen.
Auch ein Vorläufer des rundum sich austobenden Massentourismus und dem überaus geschickten Handel mit Waren aller Art (Landschaft, Brauchtum, Natur, Bauernleben, Religion...)

ZINKEN – ZEICHENSPRACHE DER WANDERNDEN

| Achtung | die Gegend ist unsicher | schnell weiterziehen | man bekommt nichts |

| hier wohnt ein Polizist | ein brutaler Besitzer | mit bissigen Hunden |

| Gefängnis droht | Kummer und Leid |

Dienstorte der Schwabenkinder

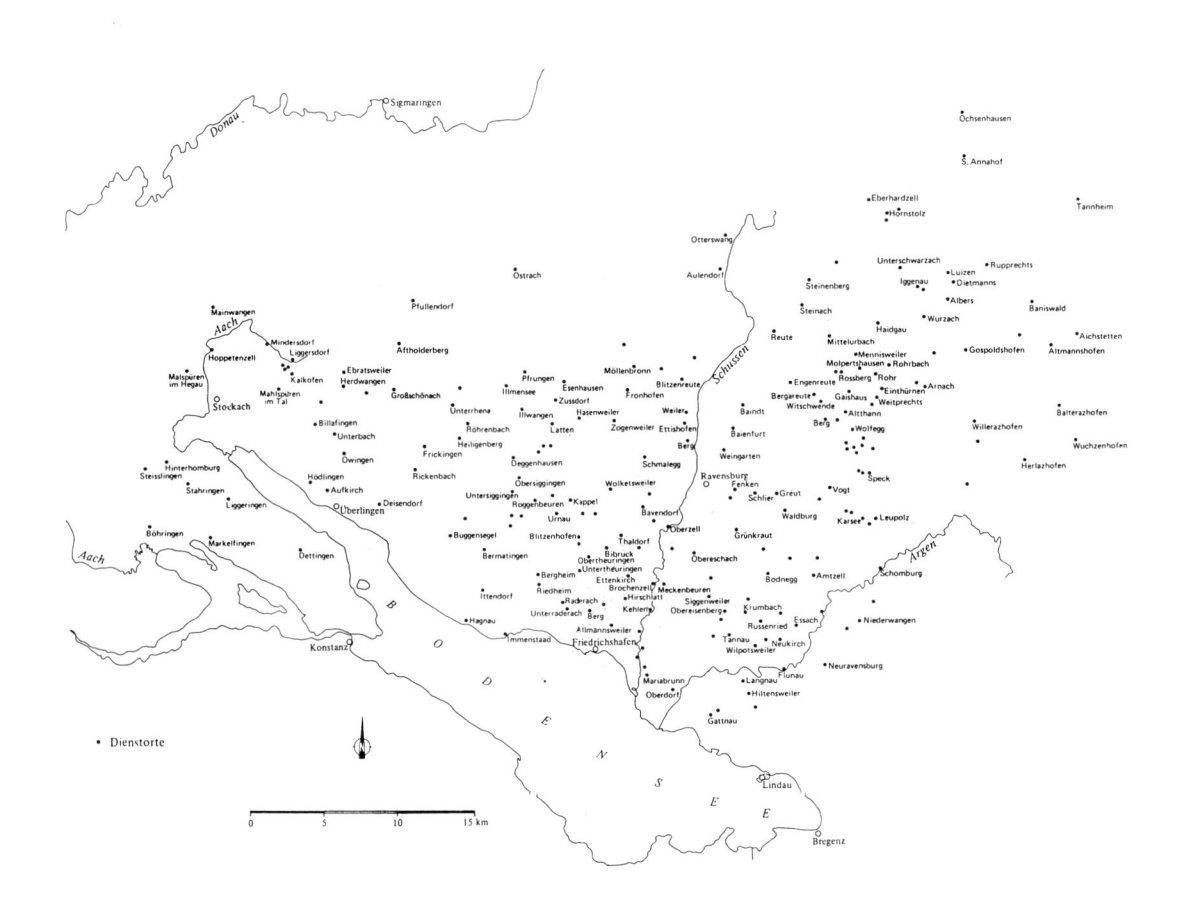

Die Wanderwege der Schwabenkinder
von Tirol und Vorarlberg nach Oberschwaben

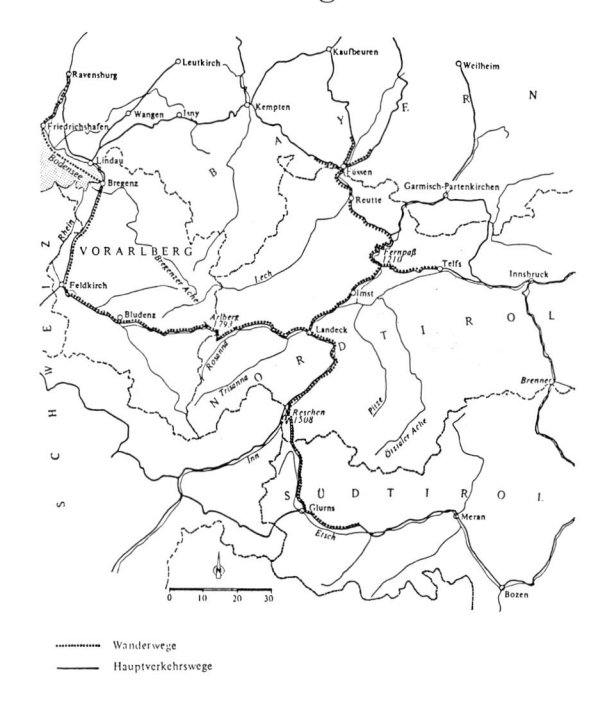

Die Materialien

Bildhauer, Wagner, Drechsler, Zimmermann, Schreiner/Tischler, Büchsenschäfter, Sesselmacher vom Tessin, Holzschuhmacher, Schindelmacher, Korbmacher, Seitel-Pfeifenhersteller Hausa Schmidl, Geigen und Instrumentenbauer sowie von allerlei Holzgeräten, von Ackereggen, Holzgestellen, Trockengerüsten, Streifgeräten, Grasrechen, Heugabeln und Sensenschiebern...

Steinschneider und Steindrechsler, Hafner und Töpfer, Steinmetzen, Ziegler und Steinmetzen...

Von Webern, Hutmachern aus dem Defereggental und Tessin, von Seilern und Teppichmachern.

Schriftgießer, Reißer, Goldschmied, Goldschlager, Glockengießer, Fingerhutmacher, Schlosser, Zirkelschmied, Messerschmied, Sporer, Kupferschmied, Büchsenmacher, Uhrmacher, Nagler, Sensenschmied, Blattner, Schellenmacher (speziell von Strengen am Arlberg), Panzenmacher, Drahtzieher und Haftelmacher...

Von der Herstellung der Gürtel, vom Gerben und vom Nestler, von der Kunst der Kürschner und Schuhmacher, der Sattler und Permenter...

Von Hornknopfmachern, Buchdruckern, Buchbindern, Glasmachern und Glasbläsern, Seidenstickern, Brillenmachern, Bürstenbindern.

Interessantes auch vom Kammacher, Bogner, Scherenmacher (speziell Premana/ Lombardei), Zwirnknopferzeuger, Besenbinder, Sonnenuhrmaler, Pflasterer...

Der Zimmermann.

Ich Zimmermann/ mach starck gebeuw/
In Schlösser/ Heusser/ alt vnd neuw/
Ich mach auch mancherley Mülwerck/
Auch Windmüln oben auff die Berg/
Vber die Wasser starcke Brückn/
Auch Schiff vnd Flöß/ von freyen stück'n/
Blochheusser zu der gegenwehr/
Dedalus gab mir diese Lehr.

Eine der vielen Möglichkeiten des Holztransportes
über größere und kürzere Strecken ist die Flößerei auf dem Wasser.
Dazu wurden in Bergtälern Flüsse aufgestaut
und kunstvoll angefertigte Wehranlagen errichtet.
Hier ein Beispiel aus Montenegro.

Schleis im Oberen Vinschgau ist einer der Orte,
in denen es früher und teilweise bis in die Gegenwart
eine Reihe von Handwerkern in auffallender Konzentration gab bzw. gibt.
Diese typischen Handwerkerdörfer versorgten die weitere Umgebung.

Einer dieser bis auf den heutigen Tag aktiven Handwerker stellt Holzgeräte her.
Die alte HOANZEL-Bank (siehe auch Zeichnung S. 61) ist nach wie vor aktuell.
Die sorgfältig gearbeiteten Holzgefäße dienen dem Gebrauch
in bäuerlichen Haushalten.

Für die verschiedenen Gefäße benötigt er die passenden Schablonen,
muß die jeweils erforderlichen Ringe und vor allem die dem jeweiligen Zweck
entsprechenden Holzarten lagernd haben.
Alles ist handwerklich-meisterlich und längst erprobt.

SO MACHE SIE'S

1. Wie mache's denn die Schneider?
So mache sie's:
Si nend vo jedem Stück e Zöpfel,
's git em Chind e Sundigröckel.
[[:So mache sie's, so mache sie's.:]]

2. Wie mache's denn die Schuester?
So mache sie's:
Si schlönd das Leder übe-r-e Leist
und esse vil, sy dich nie feiss.
[[:So mache sie's, so mache sie's.:]]

3. Wie mache's denn die Metzger? usw.
Si steche z'obe e-n-alti Geiss,
verchaufe am Morge Hammefleisch. usw.

4. Wie mache's denn die Chüefer? usw.
Si chlopfe d'Fässli chuglerund
und suffe wie-n-e Pudelhund. usw.

5. Wie mache's denn die Becke? usw.
Do e Weggli, dört e Weggli,
git scho wider im Chind e Bröckli. usw.

6. Wie mache's denn die Müller? usw.
Si schlönd die Seckli hin und her
und gend de Lüte wenig Mehl. usw.

7. Wie mache's denn die Schreiner? usw.
Si nend der Hobel in die Hand
und drücke's Medel an die Wand. usw.

8. Wie mache's denn die Schmiede? usw.
Si schlönd e-n-alte Nagel y
und säge, 's seig e neue gsi. usw.

9. Wie mache's denn die Weber? usw.
Sie rüere ' Schiffli hin und här,
as wenn's kei Gott im Himmel wär'. usw.

10. Wie mache's denn die Spengler? usw.
Si hämmerle und böpperle
und suffe, bis sie höpperle. usw.

11. Wie mache's denn die Maurer? usw.
Si stosse d'Stei lang hin und her,
und denke: Wenn's nu Zahltag wär'. usw.

12. Wie mache's denn die Wirtsleut'? usw.
Si trägid z'Obe Wasser in Cheller,
am Morge wirte sie Muskateller. usw.

13. Wie mache's d'Poliziste? usw.
Am Morge tüend sim patrolliere,
am Obe lieber karissiere. usw.

14. Wie mache's denn die Buure? usw.
Si sägid, si heige d'Bühni voll Heu,
und händ nur i-m-e-n-Egge-n chlei. usw.

15. Wie mache's denn die Buebe? usw.
Si schlüfe z'Nacht zum Fenster y,
am Morge sind si niene gsi. usw.

16. Wie mache's denn die Meitli? usw.
Si lönd die Buebe zum Fenster y,
am Morge sind si aleigge gsi. usw.

17. Wie mache's denn die Weiber? usw.
Wenn si mal im Wirtshus sitze,
trinke si bis a d'Nasespitze. usw.

18. Wie mache's denn die Manne? usw.
Si verspreche de Wyber Treu
und luege, wo-n-e-n-anderi sei. usw.

Seite 88 und 89:
Max P*ATSCHEIDER* in Schleis ist ein weiterer Meister
des Handwerkerdorfes im Oberen Vinschgau in Südtirol.
Er stellt aus Harthölzern die für die Landwirtschaften
notwendigen Stiele her, für Hacken, Zeppine, Krampen und
die besonders gefragten Sensenstiele „Sensenschieber".
Der Schmiedebetrieb, in dem die Hacken, Zeppine usw. hergestellt werden,
befindet sich ebenfalls in Schleis.

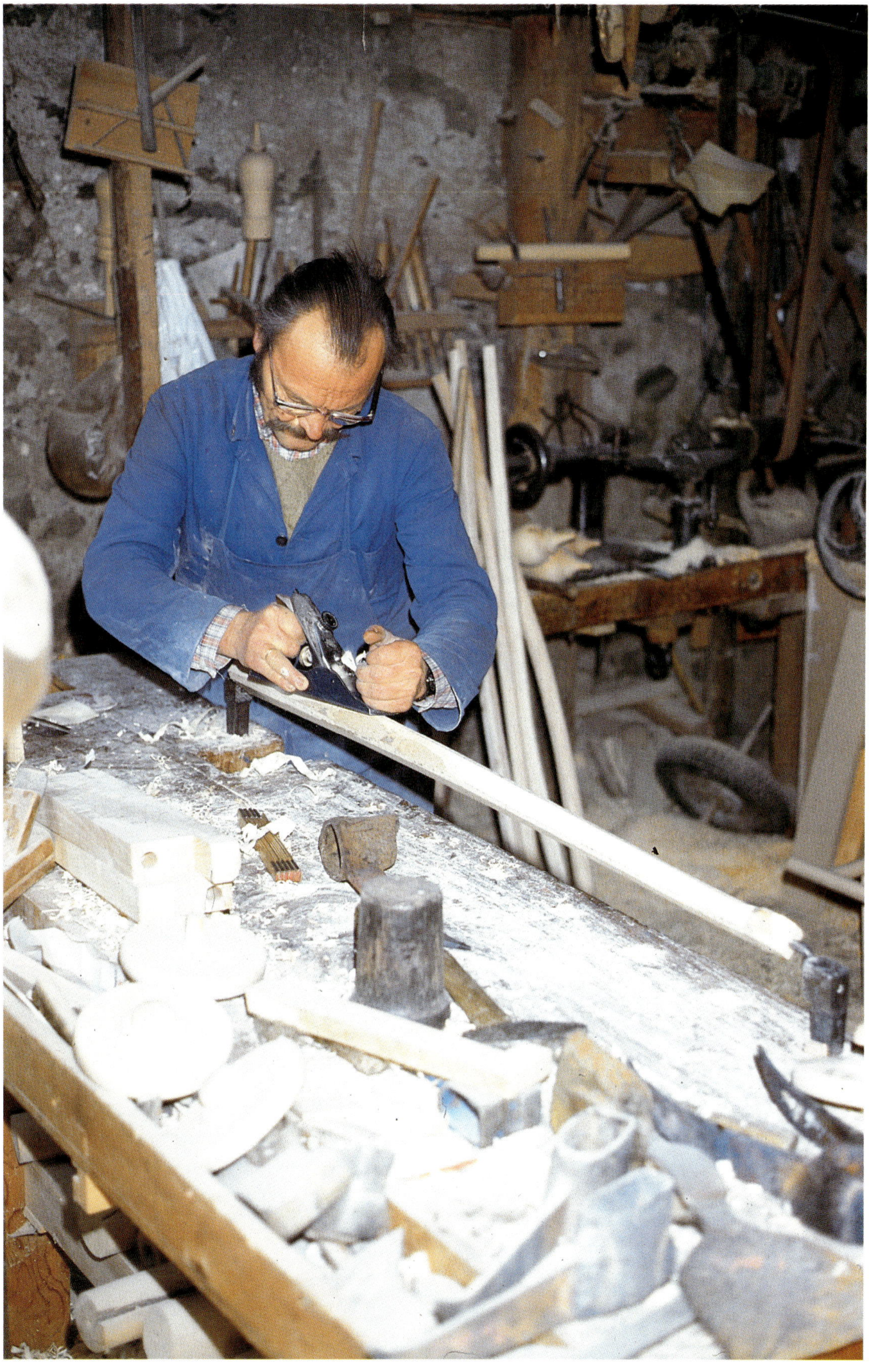

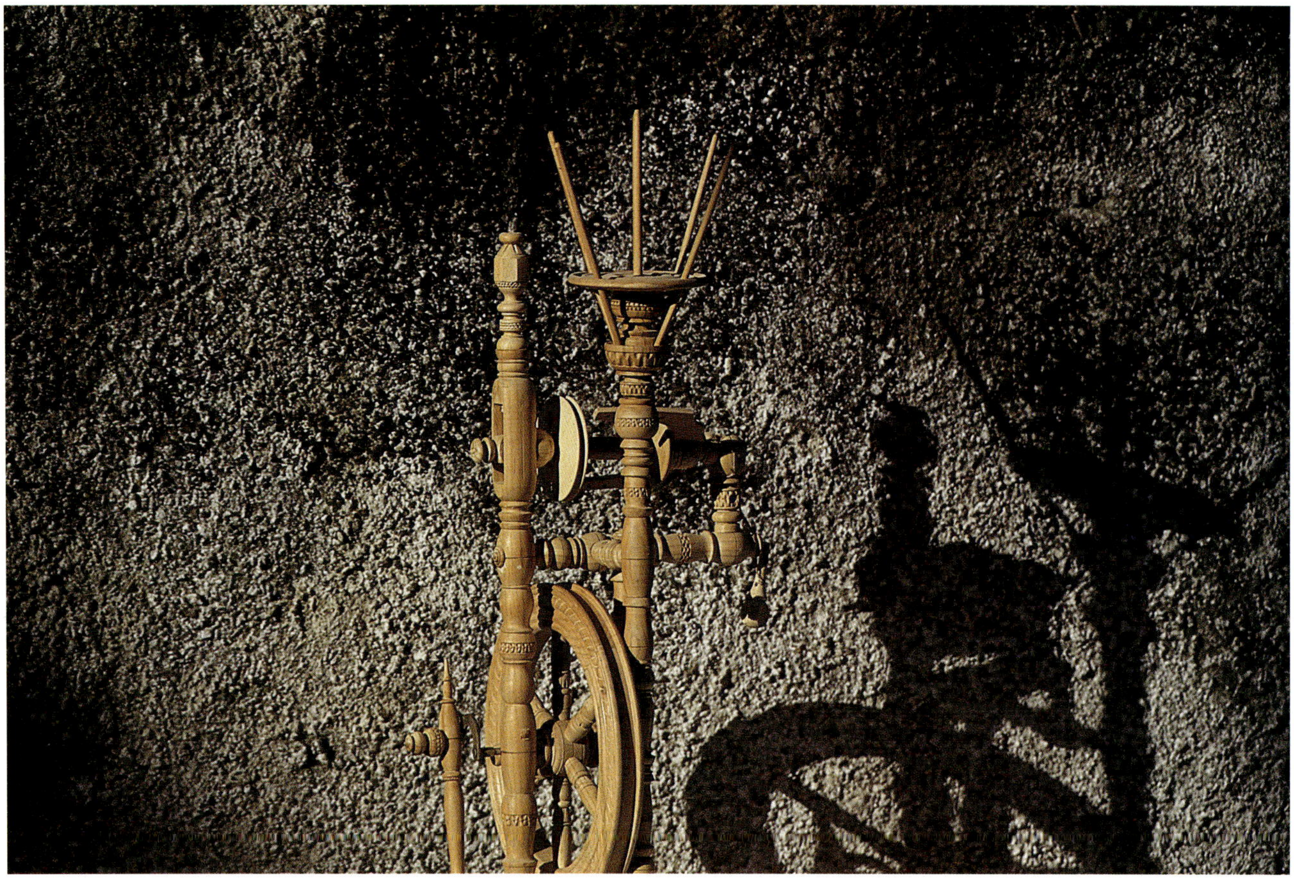

Seite 90 und 91:
Jakob STECHER im Vinschgauer Ort Schluders
ist einer der vielen Meister des Faches
und im Umgang mit Holz überaus erfahren.
Für aktuellen Gebrauch und – wie heutzutage sehr häufig –
als Dekoration in Neubauten stellt er Spinnräder her.
Der Drechsler und Handwerker hat in langen Jahren
den materialgerechten Umgang mit seinem Material
gelernt und vor allem erprobt.
Je mehr das altüberlieferte bäuerliche Element verschwindet,
um so mehr scheinen bäuerliche Nostalgieprodukte
in die Neubauten Einzug zu halten.
Ist es Sehnsucht nach Altbewährtem,
nach der SCHÖNHEIT?

Der Zweyte Theil
ARCHITECTURÆ
CIVILIS
Oder
Beschreibung und Vor-
reissung unterschiedlicher
Dach- und anderer vornehmen
Bauwercke
Zufinden bey Paul Fürsten
seel. Wittib und Erben
Cum privilegio S.C.M.

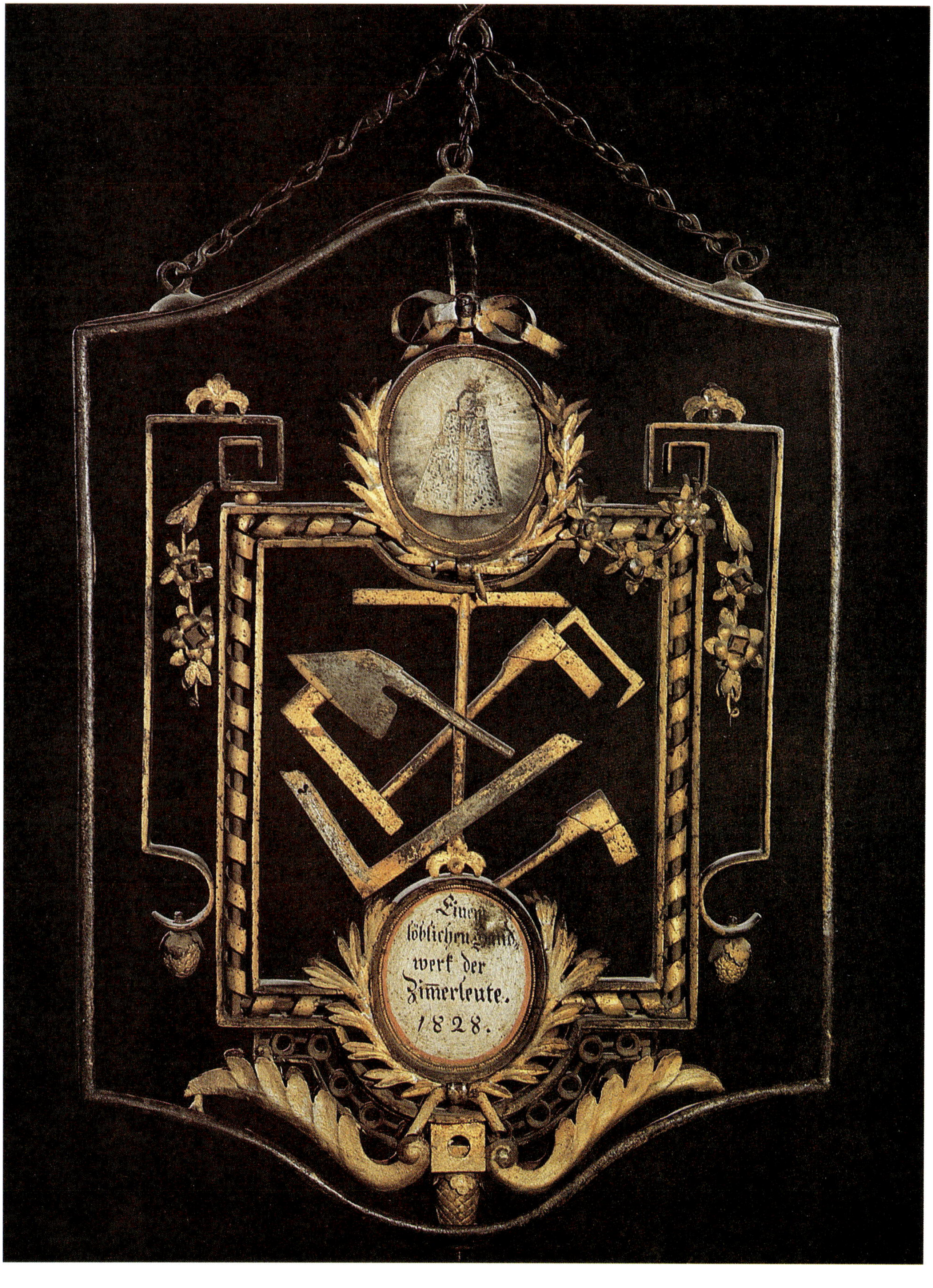
löblichen
werk der
Zimerleute.
1828.

Neben der Herstellung bäuerlichen Handwerks
widmet sich der Meister STECHER in Schleis...

Seite 92:
Die Technik, die Arbeitsweise und die Geräte
der Zimmerleute haben sich durch Jahrhunderte nicht verändert.
Hier zeigt sich die Tradition des handwerklichen Gewerbes.

Seite 93:
Handwerker haben sich seit dem Mittelalter zu Zünften zusammengeschlossen
und haben Embleme und Zunftwappen entwickelt.
Hier die Zunft der Zimmerleute in Vorarlberg.

...der schwierigen Kunst der Holz-Einlegearbeiten.

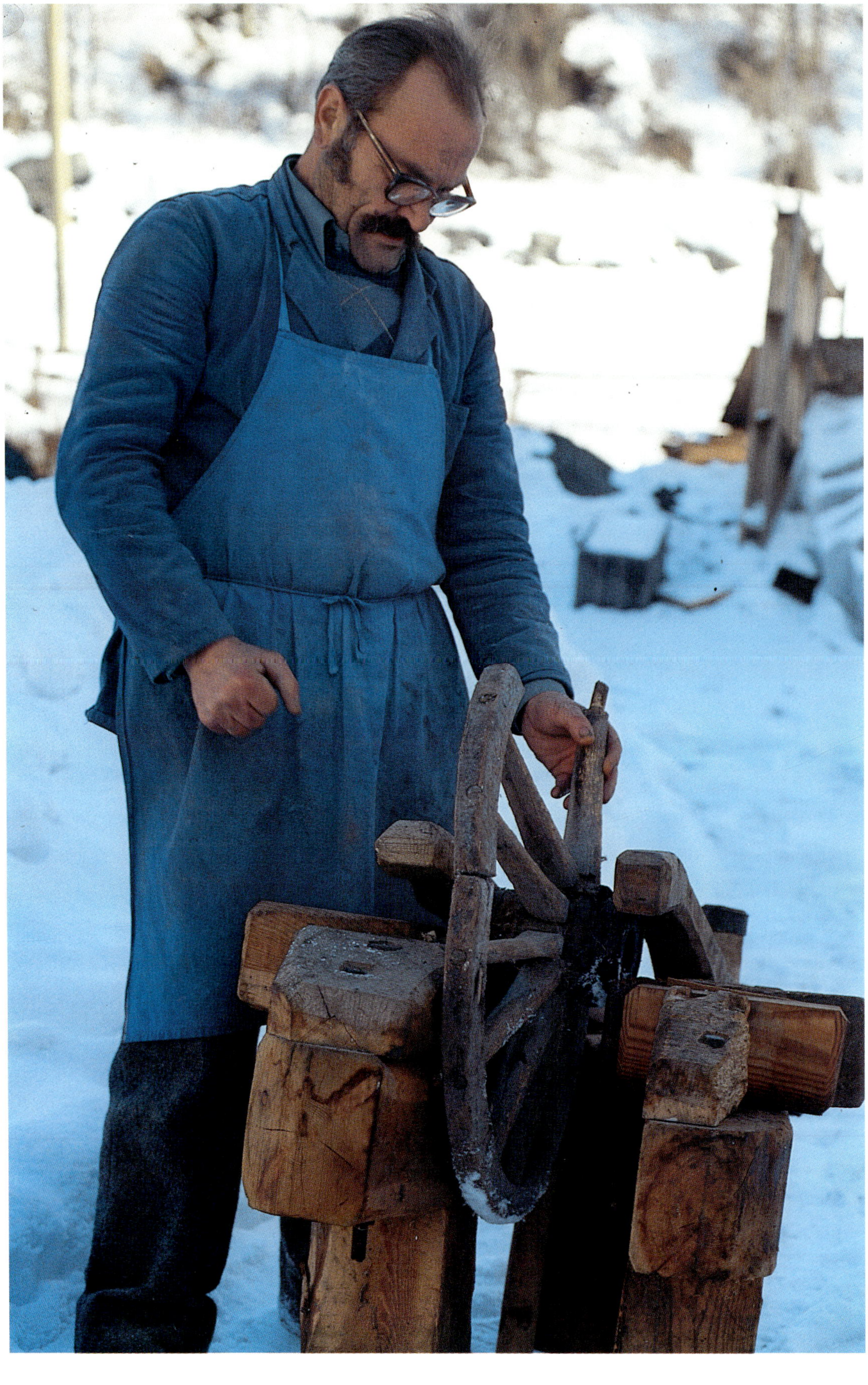

Seite 96:
Max P{\sc atscheider}, Wagner und Rädermacher
bei der Reparatur eines alten Wagenrades.
Vergleiche die Abbildungen Seite 88 und 89.

oben:
Zum Vergleich:
ein Wagner aus den Dolomiten bei der Herstellung eines Wagenrades.
Sehr zweckmäßig und funktionell ist die einfache Werkstatt eingerichtet.

HOLZSCHUHMACHER

an klumpm hölz
und messr
drinninhnpöern
tüif innhn
in di seale
groobm
margn is haale
in darfe
in hilzan darfe
olle knöschpm
vrbrennen
olles nüi
vö vearcht a knöschpm
lei oar in dr schtuuben
pöercht
sei lebtog
noch dr seale
tüif dinnan
und kimmet numma
außa

(Übersetzung)

ein stück holz
und das messer
hineinbohren
tief hinein
in die seele
graben
morgen ist es glatt
im dorf
im hölzernen dorf
alle holzschuhe
verbrennen
alles ist neu
vom vergangenen jahr ein holzschuh
nur ein mann in der stube
bohrt
sein leben lang
nach der seele
tief drinnen
und kommt nicht mehr
heraus

Mit Spezialbohrern und Spezialstemmeisen formt der Holzschuhmacher
die vorerst sehr klobigen Rohlinge.
Wie hier aus der Gegend Aosta/Piemont ist dieser Arbeitsvorgang
fast im ganzen Alpenraum und weit darüber hinaus
bis auf den heutigen Tag erhalten geblieben.

Jetzt liegen die hölzernen Schuhe zum Verkauf auf dem Markt.
Sie werden nach wie vor gebraucht.
Zeugnisse lebendigen Handwerks.

Gebrauchsartikel nach Maß.
Festes Schuhwerk für den bäuerlichen Haushalt, für Stall und Haus.
Das Werk wird getestet und für gut befunden.

Die Holzschnitzer kommen jährlich zum weitum berühmten St. Orso-Markt
in die alte Stadt Aosta, hinein in die engen Gassen,
und stellen dort ihre Waren zum Verkauf.
Andere kommen mit den lokalen Besonderheiten,
dem Freundschaftsbecher oder der GROLLA,
oder mit Schnupftabakdosen und Stickereiprodukten
aus Bergtälern der Region
(siehe dazu auch S. 213–222).

Wie im Piemont noch häufig, halten sich die Menschen
im selben Raum wie die Tiere auf.
Dort wird gesponnen, gebastelt, gesungen, gewartet...

Weitum im Lande sind die Ultener Handwerker bekannt.
Eine Spezialität sind diese Leitern, die hauptsächlich
zur Obsternte verwendet werden.
Sepp ZÖSCHG aus St. Pankraz im Ultental
stellt diese EINHOLM- oder Loan-Leiter in verschiedenen Größen her.

Einer von den vielen hundert Tischlern sei herausgegriffen.
Nach dieser alten Art werden Kästen und Truhen gezimmert –
eher dem Zimmermannsgewerbe als dem Tischler zugehörig.
Der Piemontesische Handwerker an der Arbeit.

Rahmensäge.
Kupferstich aus Roemer *VISSCHEWRS* Sinnepoppen
(Amsterdam 1614).

In beinahe unveränderter Technik werden seit Jahrhunderten
auf diese Art die Bäume geschnitten.
Die RAHMENSÄGE von 1614 ist einer solchen aus dem Aosta bzw. Piemont
der Gegenwart gegenübergestellt.

LIED DER FASSBINDERGESELLEN

Im Takt der Hammerschläge — Küttigen

Es war einmal ein Fass-bin-der-ge-sell, ein jun-ges, fri-sches Blut, der mach-te dem jun-gen Mark-gra-fen sei-nem Weib ein Fäss-lein, das war gut, ju-he! Der mach-te dem jun-gen Mark-gra-fen sei-nem Weib ein Fäss-lein, das war gut.

1. Es war einmal ein Faßbindergesell,
ein junges, frisches Blut,
[: der machte dem jungen Markgrafen sein Weib
ein Fäßlein, das war gut, juhe! :]

2. Und als das Fäßlein verfertiget war,
legt' er sich nieder und schlief.
[: Da kam dem jungen Markgrafen sein Weib
wohl vor die Tür und rief: :]

3. «Steh' nur auf, steh' nur auf, Faßbindergesell,
steh' nur auf und laß mich ein.
[: Beisammen da wollen wir schlafen,
beisammen da wollen wir sein.» :]

4. Und als sie so beisammen war'n
und meinten, sie seien allein,
[: da schickte der Teufel das Kellermensch her,
zum Schlüsselloch schaut' sie herein: :]

5. «Ach Graf, ach Graf, ach gnädiger Herr!
Was Schönes von Ihrem Weib:
[: Es schläft der junge Faßbindergesell
neben ihrem schneeweißen Leib.» :]

6. «Und hat er geschlafen bei meinem Weib,
gehanket soll er sein.
[: Einen Galgen, das will ich ihm bauen
von Gold und Edelstein.» :]

7. Und als der Galgen verfertiget war
Faßbinder auf grüner Heid',
[: da kam dem jungen Markgrafen sein Weib
und trug ein schneeweißes Kleid, :]

8. Sie gab ihm den Ring von ihrer Hand
und tausend Dukaten Papier:
[: «Und wenn du das Geld verplempemberlet hast,
kommst wieder und schlafest bei mir.» :]

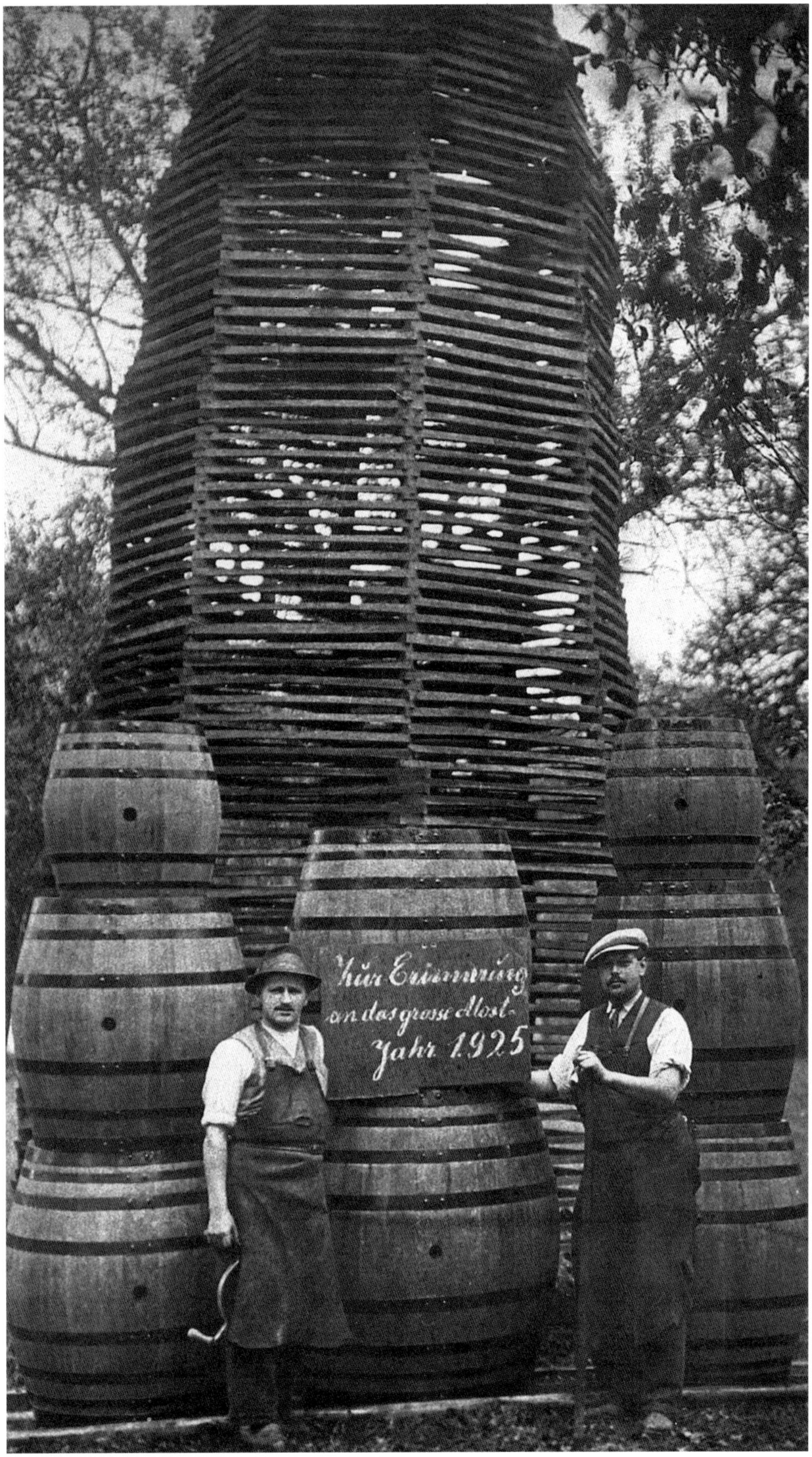
Zur Erinnerung
an das grosse Most-
Jahr 1925

Holz in der materialgerechten Verwendung als Spielzeug.
Hier bietet das neuerwachte Umweltbewußtsein große Chancen:
Spielzeug aus heimischen Hölzern, hergestellt in Handarbeit,
statt der Massenware Plastik in allen Varianten.

Seite 109:
Die Faßdauben-Bretter sind vorbereitet, gut gelagert, hoch aufgeschichtet.
Nach alter Manier erfolgt hier die Trocknung im Daubenkasten.
Wien bzw. Nähe Wien im Jahre 1925.

Der Steynmetz.

Ich bin ein Steynmetz lange zeit/
Mit stangn/Winckelmäß vñ Richtscheit/
Ich auffricht Steinheuser wolbsinn/
Mit Keller/gewelb/Bad vnd Brünn/
Mit Gibelmauwrn von Quaderstein/
Auch Schlösser vnd Thürnen ich meyn/
Setz ich auff festen starcken grundt/
Cadmus erstlich die Kunst erfund.

...so arbeitet wie zu Hans Sachs-Zeiten der Steinmetz.
In Teilen Italiens sowie im romanischen Teil der Schweiz,
beispielsweise im Bergell, werden mit großer Sorgfalt
die Dächer mit heimischen Steinplatten gedeckt.
Der Heimatschutz ersetzt die Differenz vom billigen Dach
auf diese aufwendigere Dachdeckungsart.

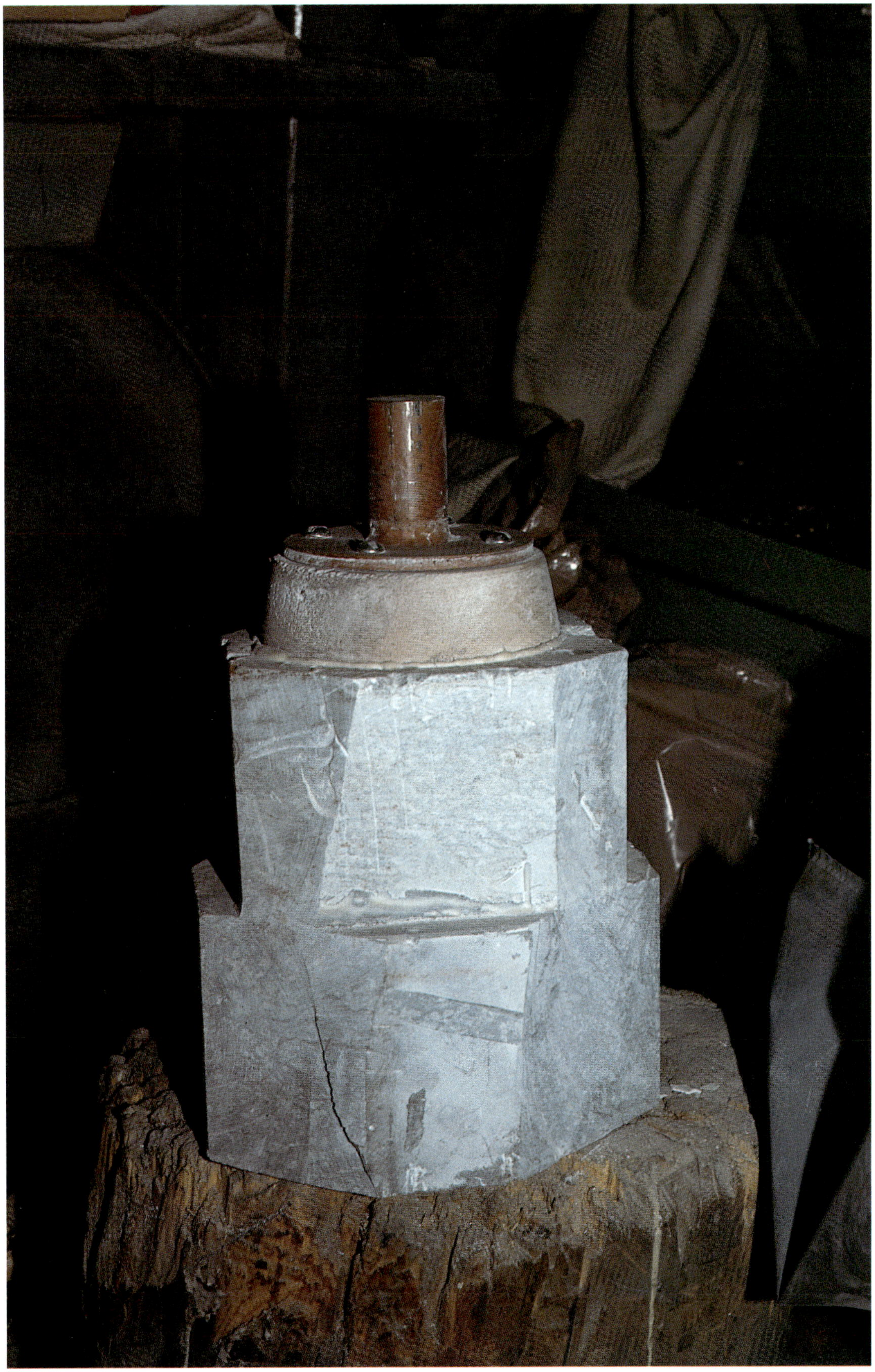

Seite 113 und 114:
Eine Besonderheit der Steinverarbeitung finden wir im Veltlin
und in Bergtälern des Tessin in der Schweiz.
Aus dem Speckstein werden Kessel und Behälter hergestellt...

115

Seite 115 und 116:
Der Steindrechsler formt aus den Rohlingen Vasen, Krüge, Becher und Schalen.
Diese überaus schönen Produkte werden heute oft dekorativ verwendet,
waren und sind aber im Haushalt und in der Küche in Verwendung.

Diese Geräte werden mit Kupfer gefaßt
– auch hier kommt wieder der heimische Kupferschmied zum Zug.
Formschön sind die Leuchter mit Öl.

Eine Hausfrau aus Sondrio im Veltlin hat uns genau erklärt,
mit welcher Sorgfalt diese Steingutware ausgekocht und präpariert werden muß,
bevor darin Suppen und verschiedene Speisen zubereitet werden können.

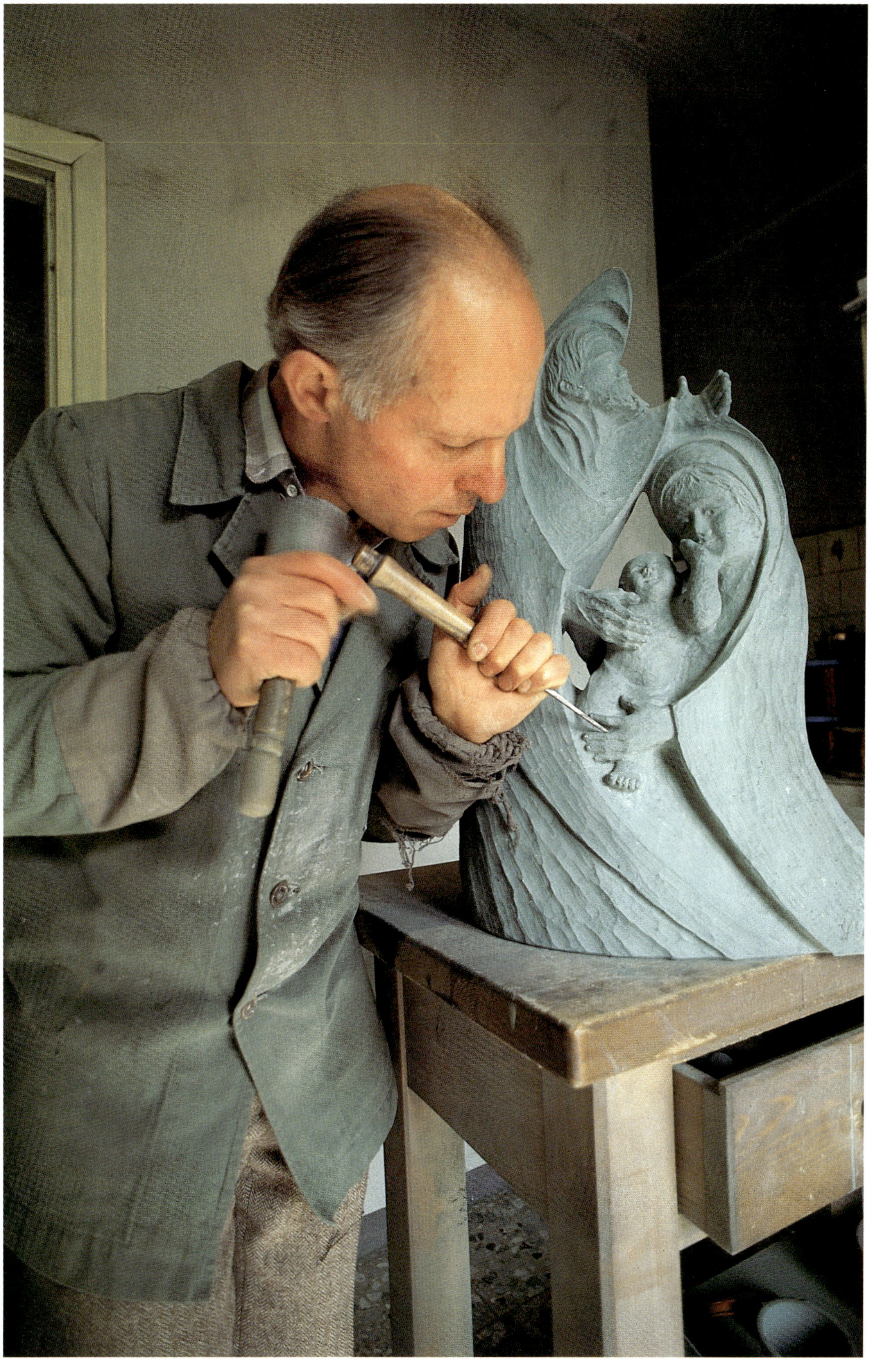

Seite 120:
Ganz andere Kenner und Könner sind die Straßenpflasterer aus Ligurien,
die Steinklopfer und Verleger. Tagaus, tagein arbeiten sie
kniend und gebückt auf den Straßen.

Seite 119:
Ein weiterer Steinmeister,
hier künstlerisch tätig, mit feiner Hand
und viel Gespür für das Material…

120

Dieser Beruf hat Chancen.
Im Bereich von Dorf- und Stadterneuerung
bieten sich neue und ungeahnte Möglichkeiten.
Stein ist ein sehr lebendiges Material.

WAS FANGAT MIR BAUANKNECHT AN.

Zu der nämlichen Weis wie „Die bösen Weiber" zu singen.

1. Was fangant mir Bauanknecht an,
Ja, wann koana koan Handweri nid kan?
Wirschd oanar alt und schlecht,
Hoaßts: „Dumma Bauanknecht".
Wann oana wo zuahihredn wüll,
Hoaßt s allmal: „Halts Maul und sei stüll."

2. Znagst han i van asch Nahdarin gherscht,
Und die Schuastan warn koana nix werscht.
Sie machant ja Schuah daher,
Vaschwirnt dabei Söl und Ehr,
D Schuastan, die sand schan bekannt,
Und die Fleischhackar als Lüagnar in Land.

3. Van Schneidan wüll i gar nix sagn,
Und es hat z nagst da Wind oan vatragn.
D Schneidan sand khringe Leit,
Tragt s da Wind weit und weit.
Bald sie s Beegleisn nid ban eahn habnt,
Aft thuat s da Wind gar davan tragn.

4. D Ledara sand Ledaschindta.
Und d Weba sand no vül gschwindta.
Tschin da tschin bum bum bum,
Oan Fuaß khrehar, oana khrump.
Sie schiaßnt und treffnt koann Scheibn.
Dabei thoand s eahn d Khretzn ahreibn.

5. D Müllna sand all kloan vastohln,
Es därfat s da Tuifl all holn.
Müllna und Bäckhajung
Hand weißi Vürfleckh um.
Tragn thoant s a blabi Montur
Und Nasn is volla Lasur.

6. Die Zimmaleit sand Hackhaschleiffa
Und d Maura san Dmaltaschmeißa.
Sie setznt a Bauwerik auf,
Freßnt braf Nudl drauf,
Sand d Nudl nid gschmalzn auf s best,
Aft habt halt das Bauwerik nid fest.

7. Die Schmid sand ja all kloan valumpt,
Sie sand hrecht a liadalas Dlumpt.
D Hammar und Naglschmid
Habnt gar koan Gwissn nid.
Sie schmidnt das alt Eisn für nei,
Und da habnt s halt guat z saufn dabei.

8. Die Bruia, die laßn mar unkeit;
Es sand lauta groaßwampat Leit.
Sie freßnt a halbes Schwein,
Saufnt braf Bier hinen.
A Branntwein muaß a sein dazua;
Sist khriagn s ja a Wampa wiar a Kuah.

9. Hiazt bin i midn Handweri z End,
I han mar eh schan meh d Nasn vabrennt.
Hiazt sands ma ge alli feind,
Sogar meine bestn Freind.
Drum schweig i van Weibaleitn ganz,
Sist machnt ma die a no an Tanz.

Ein Stück düsterer, mitunter sehr trauriger
Sozial- und Wirtschaftsgeschichte ist hier angedeutet.
In den Ziegelfabriken arbeiteten, ja schufteten und vegetierten
unter unmenschlichen Bedingungen
Tausende von Menschen...

Seite 123 und 124:
Es waren nicht nur die heute noch in Wien bekannten „Ziegelbehm"
(Ziegeleiarbeiter aus Böhmen...usw.), es waren auch FRAUEN und MÄDCHEN,
die arbeiteten, nicht nur beim Ziegelpressen, sondern auch beim Steineklopfen.
Männer und Frauen, aber auch Kinder wurden
beispielsweise hier im Hüttenwerk Donawitz/Steiermark,
herangezogen, um die bis zu 8 kg schweren Pflastersteine
aus der Hochofenschlacke herzustellen.
Billige weibliche Arbeitskräfte kamen ab der Jahrhundertwende
und bis in die zwanziger Jahre dieses Jahrhunderts
auch aus Italien.

Zu den einzigartigen Handwerksbetrieben gehört bzw. gehörte
bis vor wenigen Jahren die Hafnerei STEGER in Abfaltersbach in Osttirol.
Die seit Mitte des 17. Jahrhunderts bestehende Hafnerei
ist seit ca 1850 im Besitz der Familie STEGER.
Die Nutzung der Wasserkraft
fand nach dem Hochwasser von 1965/66 ein Ende.

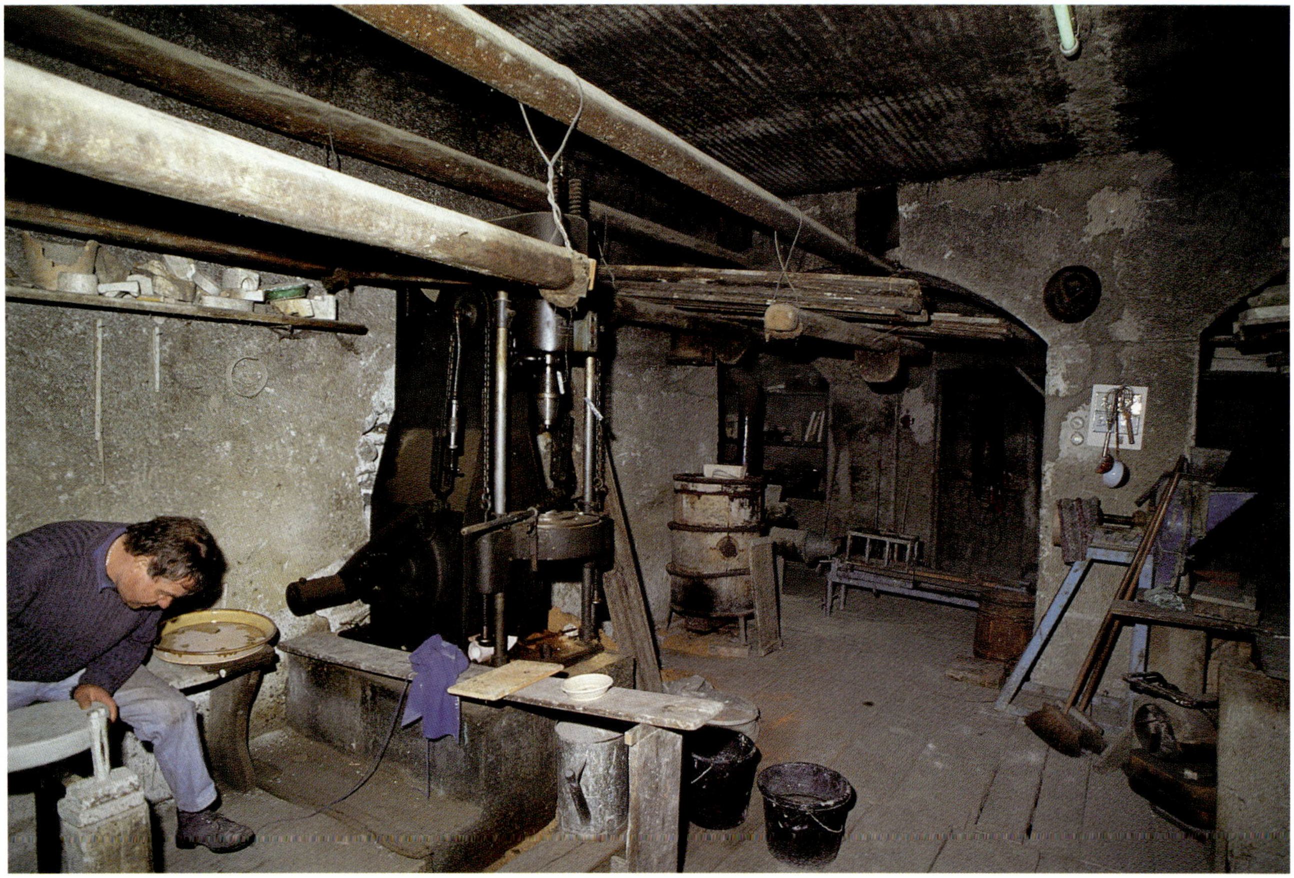

Der Weber.

Ich bin ein Weber zu Leinen Wat/
Kan wircken Barchent vnd Sponat/
Tischthücher/ Handzwehl/ Facilet/
Vnd wer lust zu Bettziechen hett/
Gewürffelt oder Kamaca/
Allerley gmödelt Thücher da/
Auch Flechsen vnd wircken Haußthuch/
Die Kunst ich bey Aragnes such.

Schwester Helene in der Weberei des Johann REGENSBURGER
in Umhausen im Ötztal. Hier wurde bis ca 1950
hauptsächlich der heimische Flachs verarbeitet.
Der Bereich der Gemeinden Umhausen und Längenfeld
war eines der Zentren der Flachsgewinnung und -verarbeitung.
Der Ötztaler Flachs wurde sogar
auf der Börse in Petersburg und London gehandelt.

129

Seite 129 und 130:
Jetzt hat sich REGENSBURGER auf die Herstellung
naturbelassener Teppiche und Decken spezialisiert.
Die Schlingen-Maschine auf S. 129 wurde vom Vater Otto REGENSBURGER gebaut.
Mit innovativen Ideen gelingt es dem Betrieb,
immer wieder neue Formen und Muster zu entwickeln.

Hier hängen die „Würste" zur Weiterverarbeitung für Teppiche.
Soweit als möglich werden die Teppiche,
vor allem aus Schafwolle, in den Naturfarben belassen.
Im Ötztal, eine der schafreichsten Regionen Österreichs,
fallen jährlich weit über 10 000 kg Wolle an.

WIA MÅCHENS DENN DIE SCHNEIDA?
(Handwerker-Spott)

1.
Wia måchens denn die Schneida? A so und a so!
Wia måchens denn die Schneida? A so und a so! Sie nehman
sechzehn, siebzehn Flöckl und måchen draus a Kindaröckl;
a so und a so und a so måchens dö!

2.
Wia måchens den die Wirtsleut? A so und a so! Sie glaubm,
in Keller brennt da Wein und schüttn a Buttn Wasser 'nein.

3.
Wia måchens denn die Fleischer? A so und a so! Sie legn a
Boanl hin auf d'Wåg und stupfn glei mi'n Finger nåch!

4.
Wia måchens denn die Maurer? A so und a so! Vormittag toans
auffipåtzn, nåchmittag toans åwagråtzn!

5.
Wia måchens denn die Bäcka? A so und a so! Sie nehman um
zwoa Kreuzer Tag und måchn draus an Zwanzgerlab.

6.
Wia måchens denn die Wågner? A so und a so! Sie måchn
d'Radln kugelrund und saufn dabei wiar a Pudelhund.

7.
Wia måchens denn die Zimmerleut? A so und a so! Sie gengan
neumal um an Bam und denkn, wånn der Tåg vergang!

8.
Wia måchens denn die Weiba? A so und a so! Vormittag toans
Windel wåschn, nåchmittag toans d'Leut auströtschn.

Waldviertel, N.-Oe., aufgezeichnet von Dr. Georg Kotek.

Eine alte Wollkartatsche (1 scartac=Wollkratzer) in den Dolomiten.
Diese Kartatsche wird mit Wasserkraft angetrieben.
Die Wolle wird beim kartatschen (ladinisch: scarteje la lana)
über mehrere mit Borsten besetzte Rollen geführt.

Nach dem Kartatschen folgen die weiteren Arbeitsvorgänge
der Wollverarbeitung, das Spinnen, Aufspulen und Weben.
Die hohe Ästhetik dieses Bildes von Gianfranco BINI aus Biella
täuscht über die Plagerei hinweg
und verdeckt die archaische Situation
der drei alten Geschwister.

DIE LEINWEBER

1.
Die Leinweber haben eine saubere Zunft,
ha-rumditscha-rum...
Mittfasten halten sie Zusammenkunft,
ha-rumditscha-rum...
Aschgraue, dunkelblaue, ... mir a Viertel,
dir a Viertel, ...
fein oder grob, Geld gibts doch!
ha-rumditscha-rum...

2.
Die Leinweber haben auch ein Schifflein fein,
ha-rumditscha-rum, ...
da sitzen die Mücken und die Flöhe drein,
ha-rumditscha-rum...
Aschgraue, ...

3.
Die Leinweber machen eine zarte Musik,
ha-rumditscha-rum, ...
als führen zwanzig Müllerwagen über die Brück,
ha-rumditscha-rum...
Aschgraue, ...

*) Bei ! wird jedesmal in die Hände geklatscht
oder mit dem Fuß kurz aufgestampft.
Im Mühlviertel, O.-Oe. und im Waldviertel,
N.Oe. verbreitet, aufgezeichnet von Dr. Hans Commenda.

DAS ARBEITSHAUS

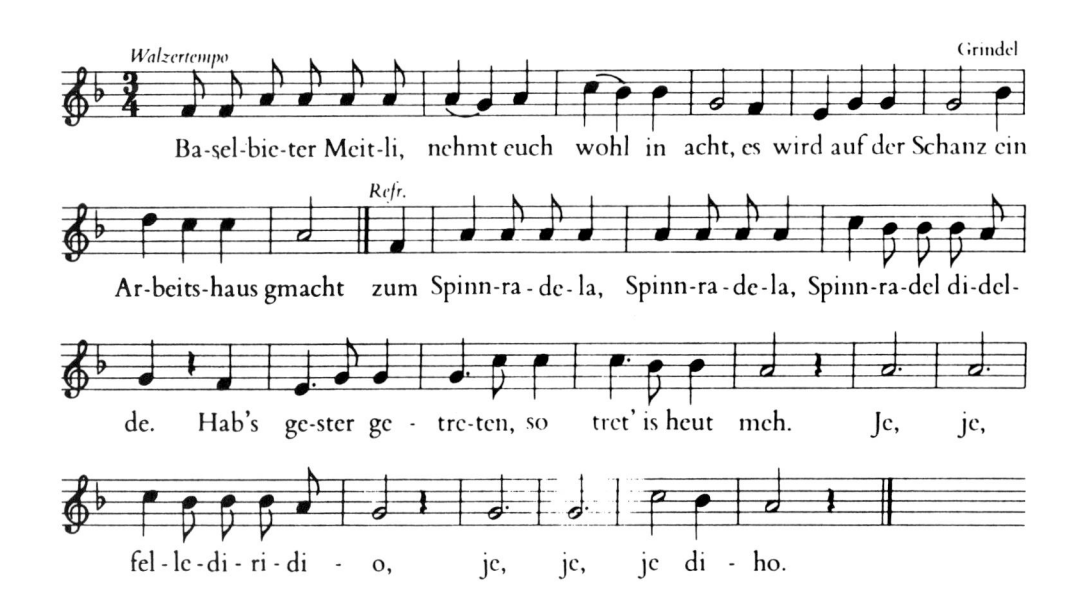

Walzertempo Grindel

Baselbieter Meitli, nehmt euch wohl in acht, es wird auf der Schanz ein Arbeitshaus gmacht zum Spinn-ra-de-la, Spinn-ra-de-la, Spinn-radel di-del-de. Hab's gester ge-tre-ten, so tret' is heut meh. Je, je, fel-le-di-ri-di-o, je, je, je di-ho.

1. Baselbieter Meitli, nehmt euch wohl in acht,
es wird auf der Schanz ein Arbeitshaus gmacht.
(Refrain:) zum Spinnradela, Spinnradela, Spinnradel didelde.
Hab's gestern getreten, so tret' is heut meh.
Je, je, fellediridio, je, je, je diho.

2. Im Arbeitshaus ist's ein Extrazimmer,
dort sitzt ein schöns Medel am Baumwollspinnen.
(Refrain)

3. Ich laß meinem Fenster ein Guckloch einbauen,
daß alle die Fenster zum Arbeitshaus schauen.
(Refrain)

4. Mein Vater hat im Wirtshaus sein Geld verzehrt,
drum hat man uns Kinder ins Arbeitshaus g'sperrt.
(Refrain)

5. Im Arbeitshaus sitz' ich schon dreizehn Jahr lang,
Ich bitt' den Verwalter zu verlassen es bald.
(Refrain)

6. Arbeitshaus, Arbeitshaus unte und obe,
Ich kann dich nicht liebe und kann dich nicht lobe.
(Refrain)

7. Adam und Eva hei 's Spinne erdänggt,
me hätt' sie vil ringer a d'Chunggle ufg'hänggt.
(Refrain)

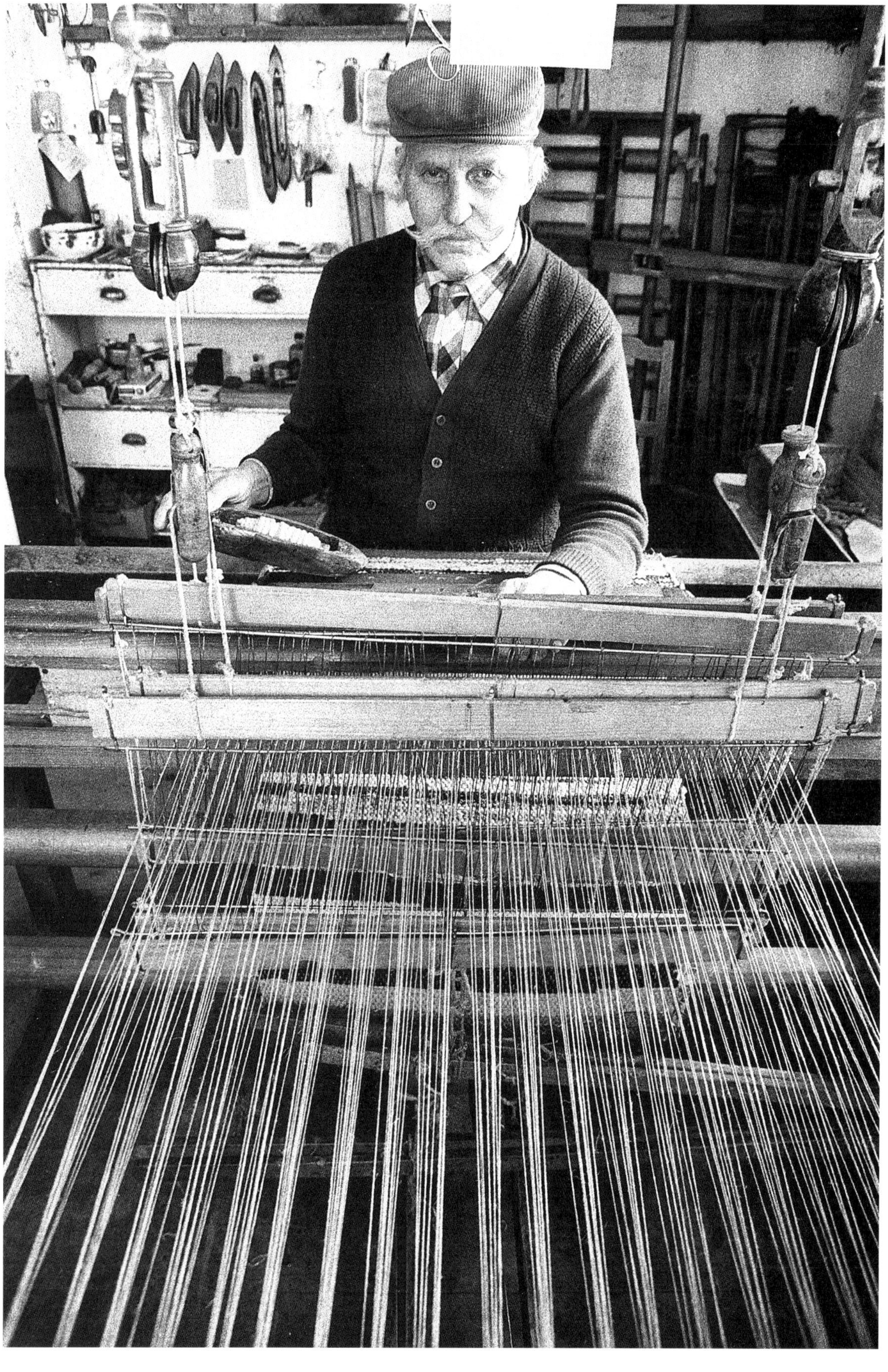

Seite 137 und 138:
Tirol und das südliche Piemont sind gegenübergestellt.
Auf dem neuen Webstuhl in St. Lucio Coumboscuro,
im Museum und Hof der überaus eifrigen
Sammler, Forscher, Musiker, Poeten und Kämpfer
für den Erhalt des Occitanischen,
bei der Familie *Arneodo*.
Auf diese Weise wird alte Tradition weitervermittelt.

So wird nach alten Vorlagen gearbeitet
und werden alte
Muster weiterverwendet.

Seite 140 und 141:
Dem umfangreichen Bildband
mit mehreren hundert großformatigen Farbfotos
„*La Montagna*" (Text und Fotos: Edoardo D*ULEVANT*)
haben wir diese beiden Bilder der webenden Frauen entnommen.
Beide Aufnahmen wurden in Chardoney (Aosta) gemacht.

In der überaus archaisch wirkenden Webstube im Piemont
saß diese inzwischen verstorbene Frau.
Wem hat sie Erfahrung, Wissen und Fertigkeit weitervermittelt?

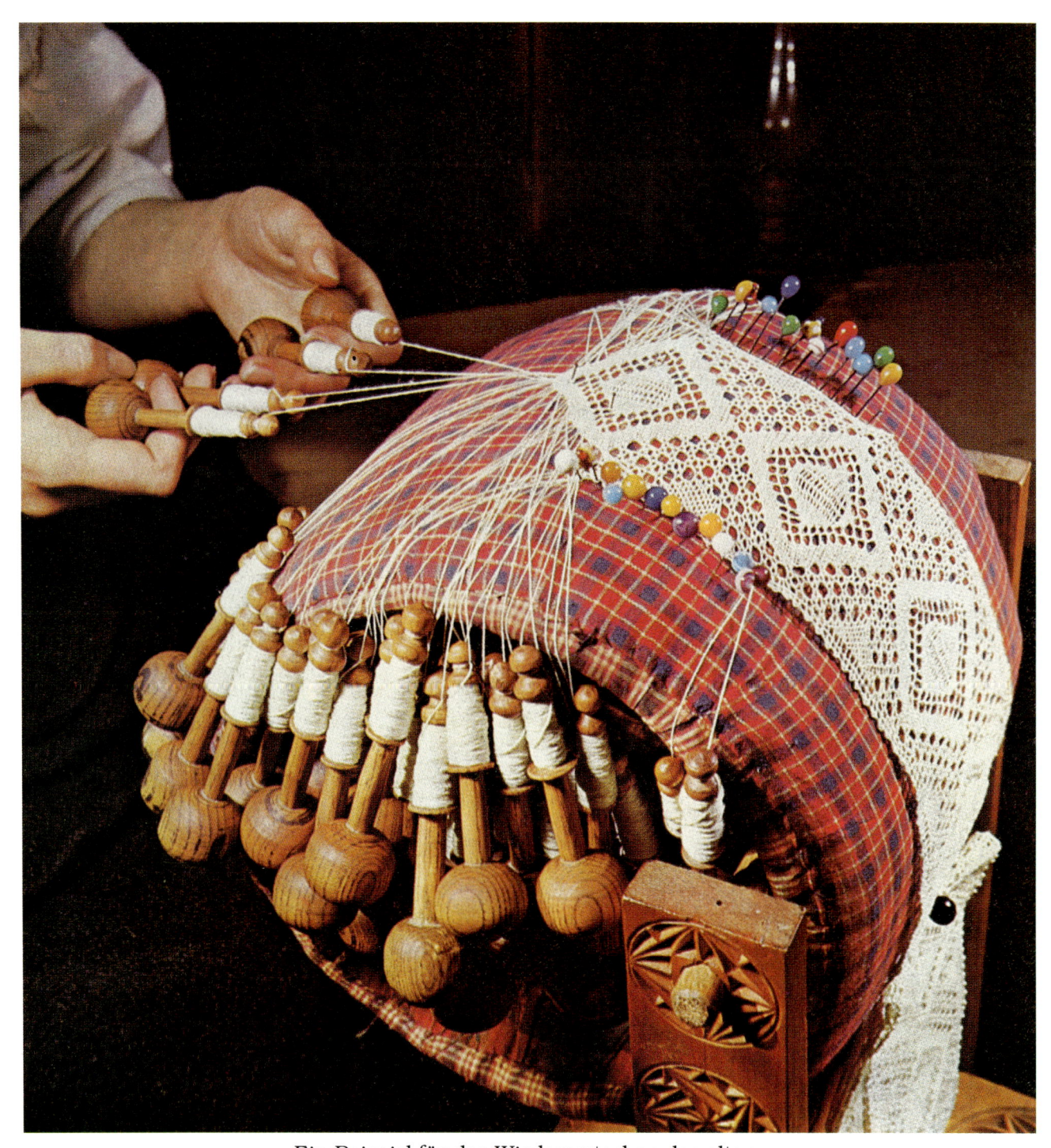

Ein Beispiel für das Wiedererstarken des alten,
sehr seltenen Handwerks, sind die Klöppelarbeiten.
Die Neubewertung von Tracht und überlieferter Kultur
fördert einen neuen Trend zu alter Qualität,
verbunden mit Schönheit und Dauerhaftigkeit.
Aus COGNE/Aosta.

Im Bergtal Cogne der autonomen Provinz AOSTA
ist die Klöppelstickerei seit vielen Generationen überliefert,
bringt den Talbewohnern ein Zusatzeinkommen neben Landwirtschaft,
Tourismus und dem Magnesit-Werk.

DIE ARMEN SPINNERINNEN

Povre filandere
non gh'avrì mai ben
dormerì 'n de paja
creperì nel fen

Dormerì 'n paja
creperì nel fen
povre filandiere
non gh'avrì mai ben

Al suna la campanela
gh'è né ciar né scür
povre filandere
pichi 'l cô nel mür

Al suna la campanela
gh'è né ciar né scür
povre filandere
pichi 'l cô nel mür

(Povere filandere / non avrete mai bene / dormirete nella paglia / creperete nel fieno. // Suona la campanella / non è né chiaro né scuro / povere filandere / picchicate la testa nel muro).

Es ormin Spinnarinnin
hopts wöll die ergschta Noat.
A Patzl Stroa zun Schloffn
A Patzl Hei fiang Toad.

Die Glögge leutit Aufstia,
Kamm ass enk niedrgleggt.
Gea schlog in Kööpf a die Wånd hi:
ischt bessa gstoam wia glept.

Eines der bekanntesten Beispiele aus dem reichhaltigen Repertoire an Liedern über Spinnerinnen und Spinnereiarbeiter. Es geht auf eine toskanische Vorlage aus dem Krieg von 1859 zurück, aufgezeichnet von Pietro GORI; gleichzeitig finden sich Ähnlichkeiten mit einem Wiegenlied aus dem Canavese (Piemont).
Die Spinnereien trugen wesentlich zur Industrialisierung der Poebene von den 70er Jahren des vorigen Jahrhunderts bis zum Ende des Zweiten Weltkrieges bei. 1870 gab es in ganz Italien ca. 6000 Spinnereien, hauptsächlich im Gebiet von Bergamo, die Arbeitskräfte waren zum Großteil Frauen. Italien hatte auf dem Gebiet der Naturseide eine Monopolstellung (heute ist die Zahl der Spinnereibetriebe auf 10 gesunken).
Der oft sehr bittere Inhalt der Lieder zeigt den Protest gegen den Einbruch der Industrie in traditionell bäuerliche Gebiete und Lebensgewohnheiten. Die betroffenen Regionen waren stark katholisch dominiert, was auch erklärt, daß sie in späterer Folge abseits der großen Arbeiterkämpfe standen.

NACHDICHTUNG IM ZILLERTALER DIALEKT VON
XAVER DUSCHEK

Der Glockengiesser.

Ich kan mancherley Glocken gießn/
Auch Büchsen/darauß man thut schießn/
Auch Mörser/damit man würfft Feuwr
Zu den Feinden/gar vngeheuwr/
Auch Ehrn Häfen auff dreyen beyn/
Auch Ehrin öfen/groß vnd klein/
Auß Glocken Ertz/künstlich gegoßn/
Lydus hat diese Kunst außgoßn.

DER DORFSCHMIED	(Übersetzung)
in protznen	in den händen
is gewicht	das gewicht
vön gonzn	vom ganzen
toole	tal
und er schleet	und er schlägt
mitn protznen	mit den händen
olle parge	alle berge
vönondr	auseinander
a kettna	eine kette
ummedumm	drumherum
schwoaßn	schweißen
is gewicht	das gewicht
vön toole	vom tal
in häntnen	in den händen
ummedumm	rundherum
di röete glüet	die rote glut
und di parge	und die berge
mittlat vönondr	mitten auseinander
geklööbm	gespalten
tüif dinnan	tief drinnen
di glüeet	die glut
olles oogelöschn	alles verloschen
und niemant	und niemand
bringet di kettna	bringt die kette
vönondr	auseinander
lei dr schmitt	nur der SCHMIED
mit sein protznen	mit seinen händen
wenn ar nö leebat ...	wenn er noch leben würde

Diesen Schmied hat der Kufsteiner Fotograf Josef *HUBER*
in einem Tiroler Bergtal für die Nachwelt dokumentiert.
Ewinige dieser altertümlich eingerichteten Schmieden
sind an einzelnen Orten noch immer anzutreffen.

In Strengen am Arlberg/Tirol
stellt Vinzenz HAUEIS nach altüberlieferter Technik
Kuhglocken und Schellen her.

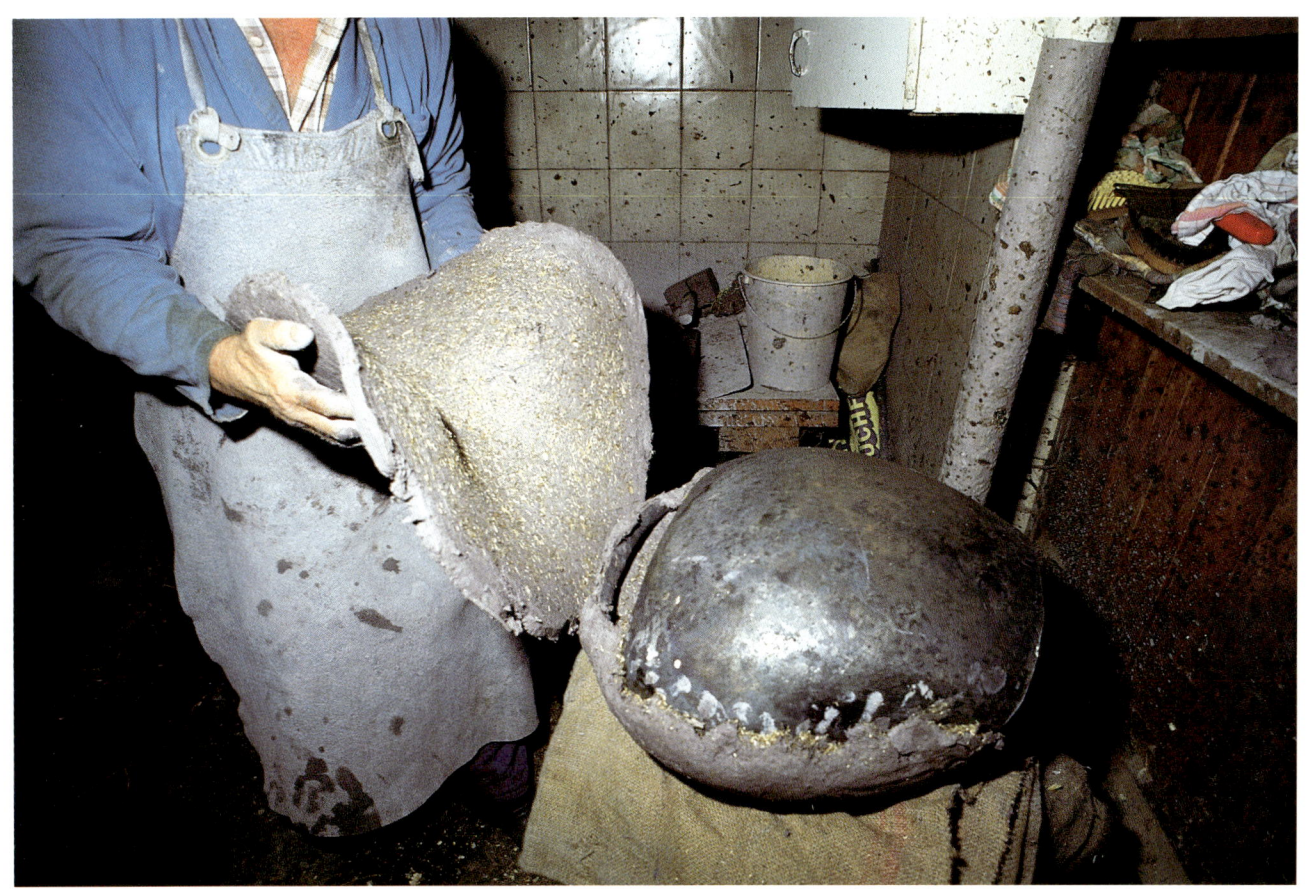

Aus den Tiroler Schellenschmieden
kommt ein beträchtlicher Teil der Schellen,
die in der Schweiz als typisches Attribut gelten.
Die Methode des Glocken-Gusses wurde speziell für Kirchenglocken
sehr hoch entwickelt.

Hier in Strengen ist es bäuerliches Handwerk.
HAUEIS hat seine Werkstatt im Stall.
Dort ist es warm, und es muß nicht separat ein Raum geheizt werden.

Im hochgelegenen Bergdorf Schlinig,
in einem Seitental des Vinschgau
hat sich der Bauer Sepp PATSCHEIDER (geb. 1903)
auf die Herstellung von überaus fein geschmiedeten Schlössern spezialisiert,
überwiegend für Eigenbedarf und einige Private.

Ein Schmied aus dem Nonsberg (Trentino/Italien)
hat sich über seiner Werkstätte
diesen eineinhalb Meter großen Adler aus Metall geschmiedet.
Der selbstbewußte Handwerker und Meister hat sich ein Zeichen gesetzt.

Aus Dorf Tirol bei Meran
kräht dieser handwerkliche Eisenhahn durchs Land.
Handwerkskunst und Handarbeit sind ident.
Einfache Form und vollendete Harmonie.

DAS „BAUERNDORF"

1. Wås braucht ma auf an' Bauandorf –
Wås braucht ma auf an' Dorf? –
An' Pfårra, der schön singt,
A Glockn, die guad klingt,
An' Messna, der guad läut'n kåñ,
Schulmeister âch an' gsteift'n Månn.
Dös braucht ma auf an' Bauandorf,
Dös braucht ma auf an' Dorf.
(Brixental, Leukental, Oberinntal)

6. Wås braucht ma usw.
An' Müller, der nit stiehlt,
An' Fuhrmann, der nit schilt,
A Wirtin, die nit z'trutzig ist,
An' Guggl-Håhñ auf jed'n Mist,
Dös braucht ma usw.
(Brixental, Leukental, Hochfilzen,
Oberinntal, Elbingenalp)

10. Wås braucht ma usw.
An' Metzger, der nit hinkt,
An' Schneider, der nit stinkt,
An' Weber, der nit krötzig is,
An' Bauer, der kein lauer is.
Dös braucht ma usw.
(Leukental, Pillerseetal, Oberinntal; Telfs).

11. Wås braucht ma usw.
An' Bäcken, der oft båcht,
Die Semmeln nid z'klein måcht,
An' Bräuer, der 's Malz fleißig rüahrt
Und schaut, daß 's Bier nid wassrig wird.
Dös braucht ma usw.
(Telfs, Hochfilzen)

12. Wås braucht ma usw.
An' Schmied, an' gscheid'n Månn,
Der Ålles måch'n kånn,
Jå, der den Buabn d'Eis'n spitzt,
Daß nit fåll'n, wenn's eisig ist.
Dös braucht ma usw.
(Vintschgau)

16. Wås braucht ma usw.
An' gueta Zimmermann,
Der 's Leitersteig'n kann,
der einem auch an' Polzna macht,
Wenn's hinta bricht und vorna kracht.
Dös braucht ma usw.
(Elbingenalp)

19. Wås braucht ma usw.
A Näherin, die gut näht,
Wenn sie faul ist, ist's a Gfrett;
An' Schneider, der die Hos'n stuckt,
Wenn's Hemad hint'n außiguckt.
Dös braucht ma usw.
(Elbingenalp)

20. Wås braucht ma usw.
A Schneider wâr' â rar,
Der taus'nd Jåhr ålt wâr'
Und der die alte Mode kånn,
Dånn geht's hålt wieder von neuen ån.
Dös braucht ma usw.
(Vintschgau)

27. Wås braucht ma usw.
Zwei Vorbänk und an' Tisch,
A Streichholz und an' Wisch,
A Handtuch und a Predigtbuch,
A Tischtuch und a Groß paar Schuch.
Dös braucht ma usw.
(Elbingernalp)

Eine spielerische Vogelscheuche besonderer Art.
Blechblättchen drehen sich im Wind und schlagen aneinander.
Im Schnalstal/Südtirol, dem Tal besonderer bildhauerischen Begabungen
(Gurschler, Rainer...) hat Gianni BODINI dieses „OBJEKT" gefunden.

Seite 156 und 157:
Im Val Strona/Lombardei haben sich viele Handwerker
zu einer Kooperative zusammengeschlossen.
Einer von ihnen ist Giorgio DEMERCANTI mit seinen Messingarbeiten.
Er verfertigt Kelche, Vasen und Reliefs.

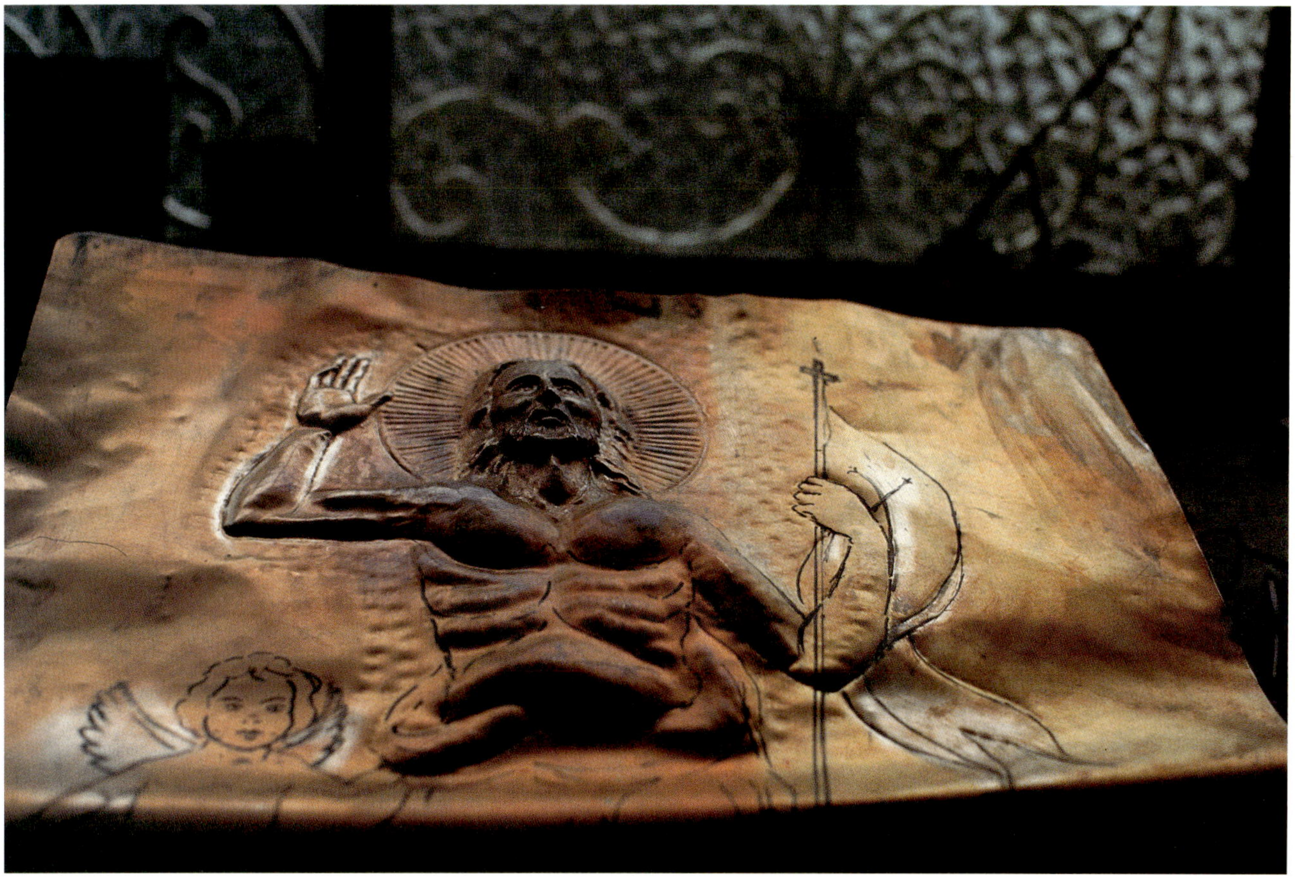

In einigen Teilen der Alpen
– hier aus der autonomen Provinz Aosta/Italien –
werden die Glocken-Halsbänder der Kühe und Schafe
aus Holzspan hergestellt und mitunter kostbar verziert,
mit Kerbschnitt nach alten Mustern,
oft mit eingravierter Hausmarke.
Die Zusammenstellung des Herdengeläutes,
die Abstimmung der Glocken spielten eine große Rolle.

Seite 159:
Aus der Dokumentation über die Handwerker in der Provinz Belluno „Dai Monti alla Laguna" stammen dieses Muster und viele weitere Musterkollektionen.

Seite 160:
Aus der Zeit, als die Nägel noch händisch hergestellt wurden: Es gab genaue Anleitungen und Vorlagen für die langen und kurzen Nägel, für Schuhbeschläge, Türbänder.
Spezialisiert auf diese Art von Eisenverarbeitung waren die Nagelschmiede.
Aus einer Anleitung aus der Provinz Belluno/ Italien.

160

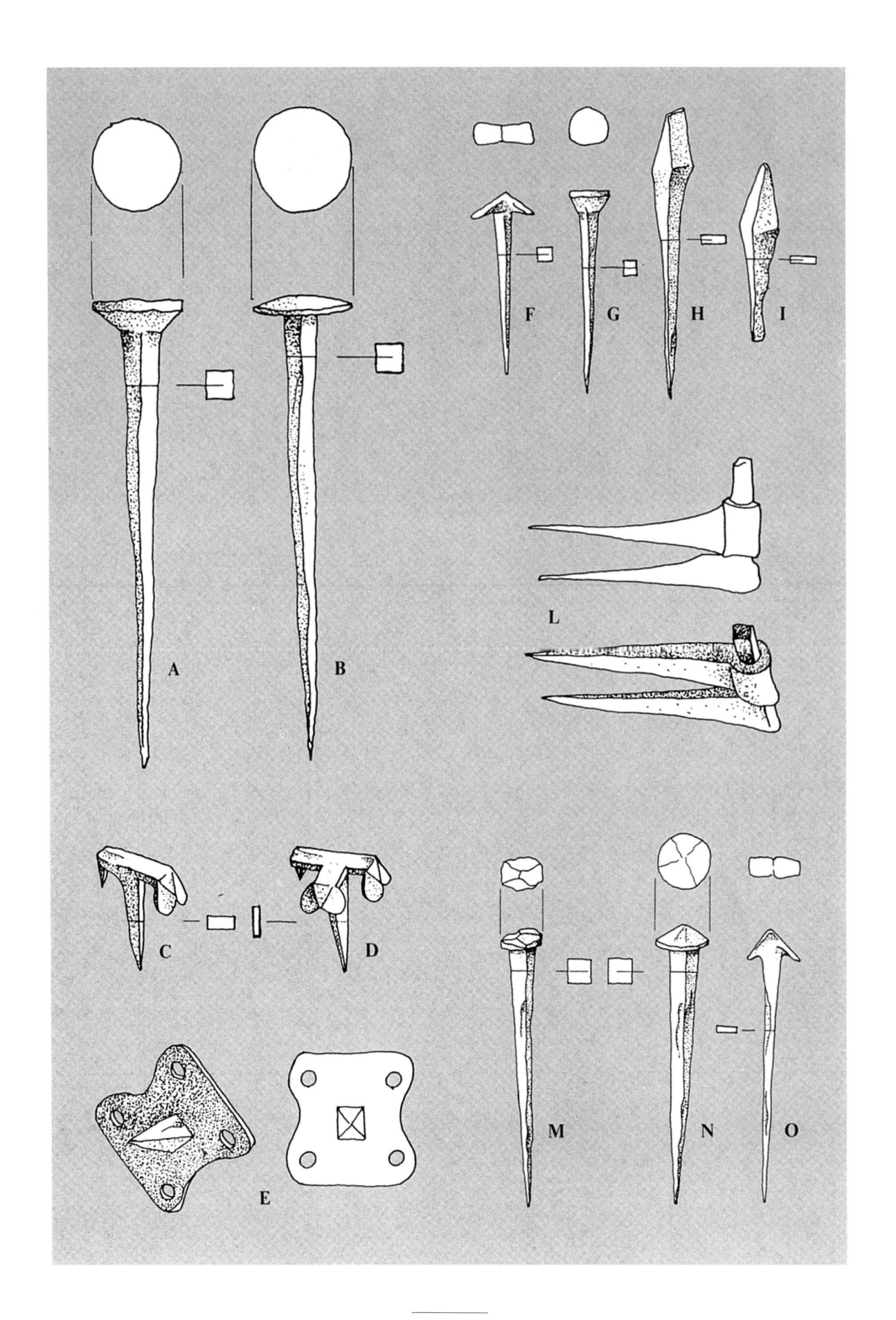

Der Lederer.

Die Heuwt die henck ich in den Bach/
Werff sie in den Escher darnach/
Dergleich die Kalbfel auch also/
Darnach wirff ich sie in das Loh/
Da sie jr ruhe ein zeit erlangn/
Darnach henck ichs auff an die Stangn/
Wüsch darnach ab mit eim Harwüsch/
Vnd habs feyl auff dem Leder Tisch.

DIANDL, WÜLLST AN EDLKNABN?

1.
Diandl, wüllst an Edlknabn oda wüllst an Jaga habn?
„Na, na, koan Jaga mag is nid,
Da hoaßats glei: d Frau Jagarin oder die Büchsnputzarin,
Na, na, koan Jaga mag is nid."

2.
Diandl, wüllst an Edlknabn oda wüllst an Schneida habn?
„Na, na, koan Schneida mag is nid,
Da hoaßats glei: d Frau Schneidarin oder d Fleckhl-Stöhlarin.
Na, na, koan Schneida mag is nid."

3.
Diandl, wüllst an Edlknabn oda wüllst an Schuasta habn?
„Na, na, koan Schuasta mag is nid,
Da hoaßats glei: d Frau Schuastarin oder die Tatscha-Flickharin.
Na, na, koan Schuasta mag is nid."

4.
Diandl, wüllst an Edlknabn oda wüllst an Sagschneida habn?
„Na, na, koan Sagschneida mag is nid,
Da hoaßats glei: d Frau Sagschneidarin oder d Scharschtn-Kihrarin.
Na, na, koan Sagschneida mag is nid."

5.
Diandl, wüllst an Edlknabn oda wüllst an Lehra habn?
„Na, na, koan Lehra mag is nid,
Da hoaßats glei: d Frau Lehrarin oder d Tintnpatzarin.
Na, na, koan Lehra mag is nid."

6.
Diandl, wüllst an Edlknabn oda wüllst an Bauan habn?
„Ja, ja, an Bauan mag is wohl,
Da hoaßats aft: d Frau Bäuarin oder die Khrapfnbacharin,
Ja, ja, an Bauan mag is wohl."

Es ist unmöglich, die Fülle der handwerklichen und volkskulturellen Bilddokumente
aus dem Alpenraum zu überschauen und darzustellen.
Eines der größten, gewichtigsten und regional bedeutendsten Werke
ist das Buch „Ladinisches Vermächtnis.
Natur, Mythos, Bauernkultur in den Dolomiten",
hergestellt von Adolf Andreas KOSTNER (Texte) und dem Fotografen Kajus PERATHONER,
unter Mitarbeit am Textteil von Kajus PERATHONER (ladinischer Teil),
Hedwig PERATHONER und Louis CRAFFONARA.
Alle Bilder sind zwischen 1960 und 1980 entstanden.

Ausschließlich Schwarz-Weiß-Fotos enthält die Dokumentation
„Vom Tagwerk der Jahrhundertwende. Bilder der Arbeit 1870-1930",
1985 im Wiener Europa-Verlag erschienen.
In der Werkstatt von Josef REISINGER in Wien:
Sattler, Riemer und Tapezierer
arbeiten an der Herstellung von Zaumzeug.

Ein Sattler aus den Dolomiten
beim Zuschneiden der Lederriemen
für eine Knallgeißel (Peitsche).

Die Familie des Lederverarbeitungsbetriebes mit dem Team der Arbeiter:
Das Gerben und Herstellen von Leder gehörte zu den wichtigsten Berufszweigen.
Aus der Gegend Wien und Umgebung stammt diese Aufnahme,
wahrscheinlich aus der Jahrhundertwende.

1. An šᵘestar me barow, če rajat grem ž nijm,
M hm, ne ne, z enem šuštarjem ne!
Cew den, cew den na stowu sadi,
zvečer pa po smowi smrdi.

2. An tišlar m ej barow, če rajat grem ž nijm,
M hm, ne ne, z enem tišlarjem ne!
Cew den, cew den, u bérkštat stoji,
zvečer pa po dilah smrdi.

3. An birt me je barow, če rajat grem ž nijm,
M hm, ne ne, z enem birtom pa ne!
Cew den, cew den pr pipi stoji,
zvečer pa po birsi smrdi.

4. E škric me je vprašow, če plesat grem ž nijm,
M hm, ne ne, z enem škricem pa ne!
Celi dan, celi dan med papirij sedi,
zvečer pa po tinti smrdi.

5. Profézar me barow, če rajat grem ž nijm,
M hm, ne ne, s profézarjem ne!
Cew den, cew den pr téčah sedi,
zvečir pa se čiswo drži.

6. An hóltnar me barow, če rajat grem ž nijm,
M hm, ja ja, z anim hóltarjem ja!
/:Cew den, cew den u hartlc sedi,
zvečer pa po rožah deši. :/

berkštat = delavnica (nem. Werkstatt)
birsa = vinski kamen
teče = teke, zvezki
holtnar = vrtnar

EIN SCHUSTER HAT MICH GEFRAGT

Ein Schuster hat mich gefragt,
ob ich mit ihm tanzen gehe.
Hm... mit einem Schuster nicht!
Den ganzen Tag sitzt er am Hocker,
am Abend stinkt er nach Pech.

Ein Tischler hat mich gefragt,
ob ich mit ihm tanzen gehe.
Hm... mit einem Tischler nicht!
Den ganzen Tag steht er in der Werkstatt,
am Abend stinkt er nach Brettern.

Ein Wirt hat mich gefragt,
ob ich mit ihm tanzen gehe.
Hm... mit einem Wirt nicht!
Den ganzen Tag steht er am Zapfhahn,
am Abend stinkt er nach Wein.

Ein Schreiber hat mich gefragt,
ob ich mit ihm tanzen gehe.
Hm... mit einem Schreiber nicht!
Den ganzen Tag sitzt er zwischen Papieren,
am Abend stinkt er nach Tinte.

Ein Professor hat mich gefragt,
ob ich mit ihm tanzen gehe.
Hm... mit einem Professor nicht!
Den ganzen Tag sitzt er bei den Heften,
am Abend ist er sauer.

Ein Gärtner hat mich gefragt,
ob ich mit ihm tanzen gehe.
Hm, hm, ja, ja, mit einem Gärtner sehr gern,
den ganzen Tag sitzt er im Garten,
am Abend duftet er nach Blumen.

„Vom Tagwerk der Jahrhundertwende:
Bilder der Arbeit 1870-1930":
Das Gerben und Zubereiten des Leders
war eine teilweise sehr schwere, übelriechende Arbeit.
Doch auch diese mußte getan werden.

Der Seyler.

Ich bin ein Seyler/der zum theil/
Kan machen die langen Schiff Seyl/
Auch Seyl zum bauw/dran man allein
Auffziech Mörder/Zimerholtz vñ Stein/
Ich kan auch machen Garn vnd Netz/
Zur Jägerey vnd zu der Hetz/
Darzu auch Fisch Netz/groß vnd klein/
Sonst auch allerley Strick gemein.

Seite 170 und 171:
Val Grana im Piemont:
Im Dorf Pradleves(=Wasserwiese) werden aus Roggenstroh
noch immer die Stühle bezogen.
Alles wird nach alter Überlieferung,
nach bewährter Praxis und von geschickten Händen hergestellt.

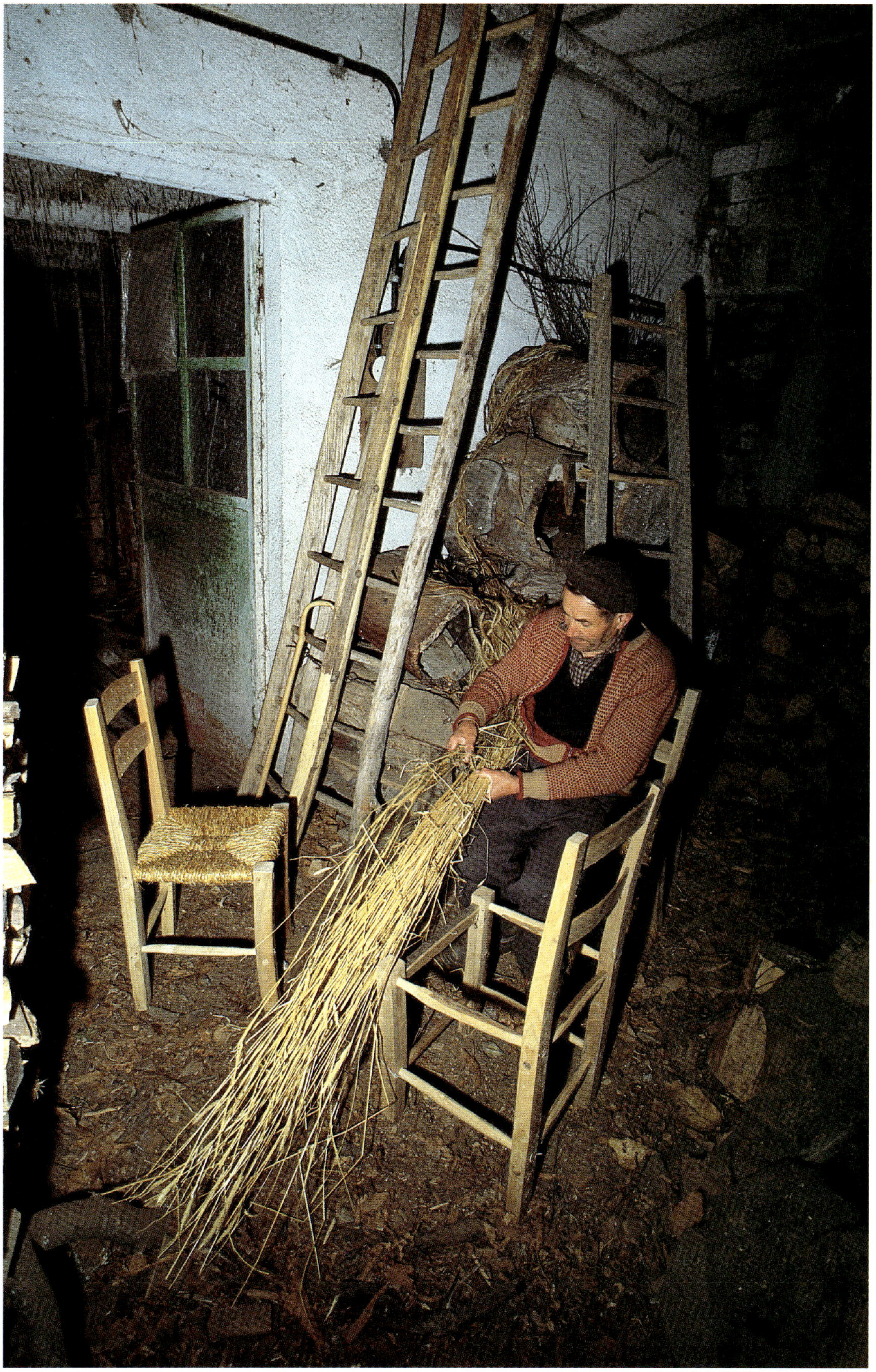

WIA MACHANS DANN DIE BAUAN?

Wia machans dann die Bauan? A so da machan sie s: In Summar essns Khraut und Ruam, in Winta machans Diandl und Buam, a so, a war a so da machan sie s.

1. Wia machans dann die Bauan?
A soda machan sie s:
Hie loahnt si aufn Gablstül
Und sagnt, die Arwat wirschd eahn p vül.
Aso, awar aso, awar a soda machan sie s.

5. Wia machans dann die Holzknecht?
A soda machan sie s:
In Schlag da is s halt damisch hoaß,
In Schadn is bessa do, wers woaß.
Aso, awar aso ec.

6. Wia machan s dann die Bäckher?
A soda machan sie s:
Sie nehmand um an Groschn Toag
Und machant draus an Zwoanzga-Loab.
Aso, awar aso ec.

7. Wia machans dann die Müllna?
A soda machan sie s:
Sie betnt all Tag an Vatarinsa:
Das beste Troad das is schan insa.
Aso, awar aso ec.

8. Wia machans dann die Schuasta?
A soda machan sie s:
Sie schlahand s Ledar üwan Loast
Und saufnt dabei, wernd deanscht nid foast.
Aso, awar aso ec.

9. Wia machans dann die Schneida?
A soda machan sie s:
Sie stöhlnt eahn dorscht und da a Fleckhl
Und machant draus a Kiner-Röckl.
Aso, awar aso ec.

10. Wia machans dann die Zimmerleut?
A soda machan sie s:
Sie steigent acht-, neunmal üwar Bam,
Ja, wann da Tag bald umageang.
Aso, awar aso ec.

11. Wia machans dann die Tischla?
A soda machan sie s:
Sie machant hrecht fein Hoblschoatn,
Ban Zahln da thoand s aft dohlt hroatn.
Aso, awar aso ec.

12. Wia machans dann die Lezölta?
A soda machan sie s:
Sie nehmand a wenigs Möhl und Henig,
Kina machans a nid z wenig.
Aso, awar aso ec.

13. Wia machans dann die Naglschmid?
A soda machan sie s:
Sie machant Nägl graoß und kloan,
En greßtn tragnts am Sunntag hoam.
Aso, awar aso ec.

14. Wia machans dann die Huafschmid?
A soda machan sie s:
Bald hamds koan Eisn, bald hamds koan Kohl,
Thoan muaß es halt denna wohl.
Aso, awar aso ec.

20. Wia machans dann die Bindta?
A soda machans sie s:
Sie thoant ban Tag fest Fassa bindtn
Und ba da Nacht die Weiwa schindtn.
Aso, awar aso ec.

Überall gibt es Hersteller von Geflochtenem,
die Besenbinder, Korbmacher, Mütter, die ihren Kindern die Zöpfe flechten,
die allerältesten Vorfahren unserer „Wand" (aus winden),
neuerdings die geflochtenen Lärmschutzwände aus Holz,
die Flechtzaunhersteller in einigen Bergbauernregionen...
Insbesondere wurden Weidenruten verwendet;
an Bachrändern eingesammelt,
ins Wasser gelegt, gespalten und geflochten.

Korbflechterschule in Stanzach im Lechtal/Tirol
im Haus Nr. 1 um das Jahr 1929 oder 1930.
In der Not der Zwischenkriegszeit suchte der damalige Bürgermeister
nach Arbeits- und Verdienstmöglichkeiten für die Arbeitslosen.
Der Lehrer Leopold GRIMM wurde von der Tiroler Landwirtschaftskammer
als Fachmann für das Korbflechten geschickt.
Um 1938 wurde die Schule wieder aufgelöst.
Zeitweise wurden soviele Sessel, Tische,
Schirmständer, Lampenschirme, Wasch-, Holz- und Papierkörbe hergestellt,
daß die Weiden sogar aus dem fernen Niederösterreich
waggonweise herangeschleppt werden mußten.

Einer der vielen Trag-Körbe in Funktion.
In vielen Teilen der Alpen und im bäuerlichen Bereich
sind diese Gestelle zum Auflegen des Korbes bekannt.
Aus Balen/Saas-Fee im Wallis/Schweiz.

Seite 176 und 177:
Im Val GRANA/Piemont und ebenso in vielen Teilen Europas,
fast weltweit, wird die Technik des Korbflechtens angewendet.
Überaus vielfältig sind die Formen und Arten des Gebrauchs.
Noch immer ziehen Wanderhändler mit ihren Körben durch die Lande.

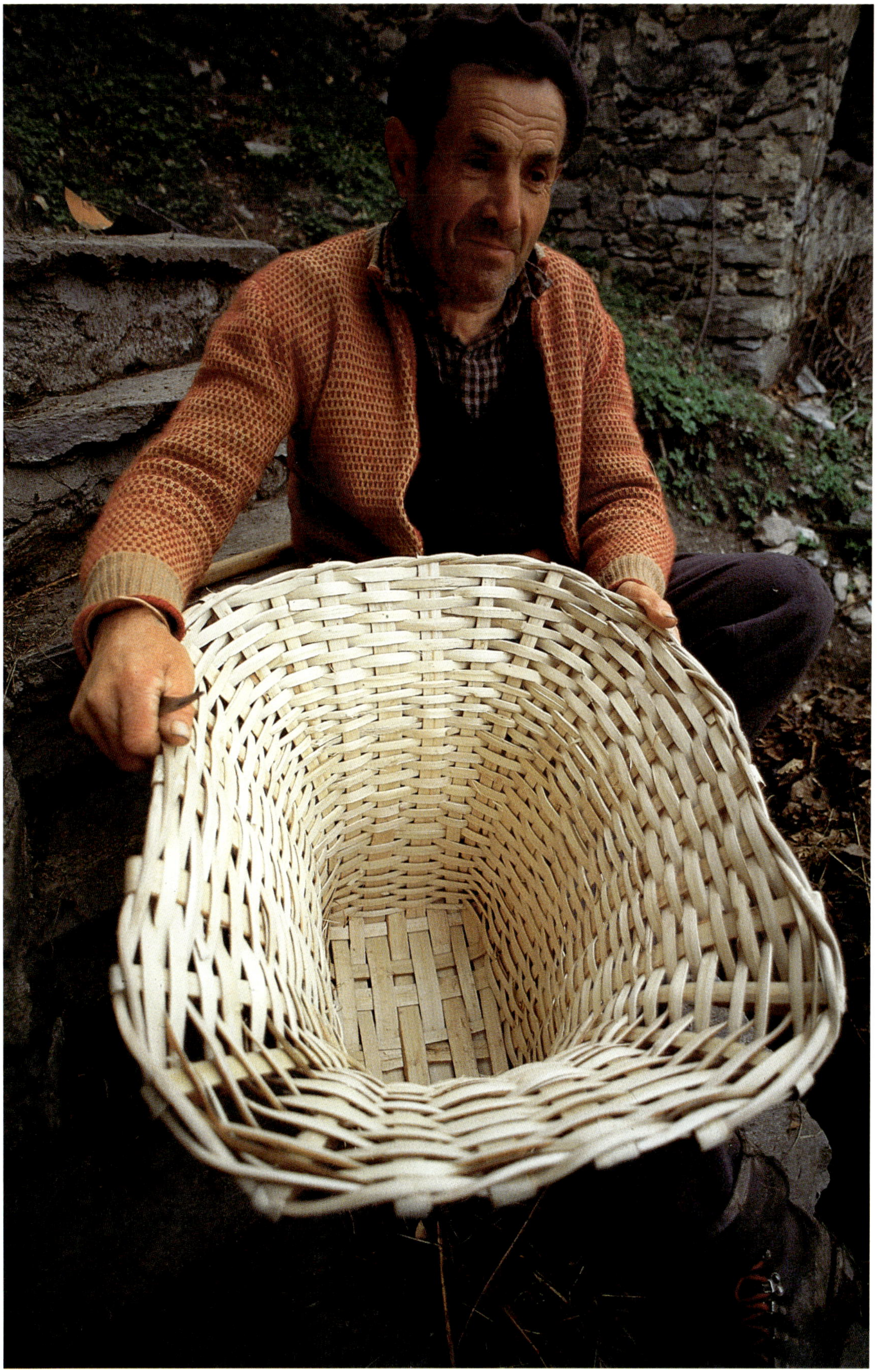

Die Technik des Korbmachens ist beinahe weltweit
in ähnlicher Weise überliefert und angewendet.
Ein wesentlicher Unterschied besteht in einzelnen Regionen darin,
daß bei der älteren Methode keine Bodenplatte verwendet wird,
sondern daß die Ruten durchgeflochten werden.
Bei unseren Forschungen haben wir beide Herstellungsarten feststellen können.

Der für die Weiterverarbeitung gefügig gemachte Werkstoff der Weideruten eignet sich vorzüglich zur Herstellung von Körben und Sesselbezügen. Nach Fertigstellung des Geflechtes werden noch die Träger eingezogen, ebenfalls aus Geflecht, aber auch aus Leder oder starken Schnüren.

Einen der wandernden, der mobilen Sesselflechter fand Gianni BODINI
vor wenigen Monaten in einer Straße von Bozen.
Der wandernde Stuhl-Bezieher stammt aus der Gegend von Brescia.
Er läßt sich irgendwo nieder, die Leute bringen beschädigte Sessel,
und er stellt neue Bespannungen her.

Auf der Suche nach alten, wiederentdeckten Einrichtungsgegenständen
kommen diese Flechtsessel „in Mode",
und die Handwerker können sich auf den Trend einstellen.
Ähnliches gilt in vielen Bereichen des ALTEN HANDWERKS.

Josef und seine Frau Christine betreiben den Kleinstbetrieb,
drehen nach alter Weise und viel Routine Sisal,
Hanf oder Kunststoffgarne auf der Seilermaschine zum Seil.
Sie drehen hauptsächlich die Seile für den Bedarf der Landwirtschaft,
genau nach alter Tradition und altem Herstellungsverfahren,
Seile und Stricke, meist zu etwa 1.60 m,
mitunter auch bis zu 30 und mehr Meter.

Die Seilerei *VÖGELE* wird in Bichlbach im Tiroler Lechtal hauptberuflich betrieben.
Von ehemals etwa dreißig derartigen Betrieben
ist dieser Familienbetrieb angeblich der letzte in Tirol.

Der gelernte Seilermeister Josef VÖGELE, knapp über fünfzig Jahre,
gewährleistet den Weiterbestand des Betriebes.
Wie lange noch? Die Söhne haben andere Interessen.
Kommt dann das Aus?

„DIE STÄND"

1. A Nòhterin sein, is woll a Freud,
Dia die Hoffåhrt måcht bei jetziger Zeit,
Die nöt zu viel Watta mitnimmt
Und decht die Bügg'l in die Kröda bringt.
Bei den Madlan ist's hålt der Brauch,
Sie sein ålle a bisl gedaucht,
und dös Ding tuat sie schröckla verlåad'n,
Wenn sie den Buabn ihre Krippler soll'n zåag'n.

3. Die Schuaster hòbm 's â nöt zu fein,
Wia nett und akkurat es muaß sein.
Derstechn s' in zöhntaus'nd Reihn,
Und ausgenâht, wia hübsch und wia fein;
Die Schüachler müaß'n sein mit viel Löchler,
A klåans bisl klianer wia der Fueß,
Den Gratsch und sust â ålle Såch'n,
Wia 's den Kopf hålt nåchgöbm muaß.

4. Tischler möcht i â kåaner wer^dn,
Dös Hob'ln, dös ist a Gschear,
Und politiarn, wia natt und wia fein,
Daß du es kånnst statt an' Spiagl begeahr'n.
Wiss'n sie in åan Ort an' Tòdl,
So muaß man die Gosch'n schun hearn,
Und voraus, wenn a Bua will an' Madl
A recht a nett's Kastl vereahrn.

5. Die Zimmerer hòbm 's â nöt am Böst'n,
Af die Gerüster gròd ummer zu kriachn;
Wâr' gscheider, sie måchat'n s'föster,
Dò kånnt's åan' die Råating verziachn.
und wenn du dein Löb'n nöt willst wòg'n,
So mögst du die Schimpfröd'n hearn
und du därfst dar genua darun trògn,
Daß du völlig möch'st buggelig wear^dn.

6. Die Maurer hòbm gwiß schlechte Zeit'n,
Müaß'n åamål zu kurz å^bbeiß'n,
In Winter bereits liegen af der Weit'n -
Es ist decht zum Håare ausreiß'n;
Wås an aufgstütztes Holz dechter höb'm
Und a Maurer verhungern muaß!
Kåan Mensch kånn's nit glabm und derzöhln,
's Unglück geaht ihm â nòch af'n Fuaß.

7. Schmied sein ist iatz nöt zu g'lust'n,
's ist Åaner gòr nöt zun neid'n,
Es hååßt, sie tien ålls lei verpfusch'n
Und måch'n 's ålte Eis'n zun neudn.
Kommt er zun Bauer mit der Kunte,
Daß er's Jòhr åamal auszähln soll,
So scheint's, gibts kåan größern Lump nöt:
Er ist ålle Tòge bockvoll.

8. Die Schlosser sein â nöt zu neid'n,
Sie brauch'n schun viel zu viel Zoig;
Sie müaß'n gròd måch'n und feil'n,
Du wååßt nöt von woi oder zwoi;
Und fåhlt in an' Ort lei a Haarl,
So geahts zua, es ist gòr nimmer schian,
Es wâr' nåat, es wâr' åll's uhne Tåd'l,
A Schlosser soll gòr åll's verstiahn.

9. Müller ist an iader a Schölm,
Möcht' åaner Mirak'l wirk'n;
's hååßt åanfåch, der kimmb in die Höll'n,
Möcht sich an iader vor'n Sterb'n fürcht'n.
Das Getråade ist oft mòg'r und spitzig,
Då liaß i an' Åndern rennen;
Die Bäurin ist månchmål so hitzig,
Daß sie genua no ban Grind åan' kånnt' nehmmen.

Federkielstickerei:
Es lebe die Nostalgie.
Es lebe das erneuerte Handwerk,
die Pfauenfeder und der Trachtenlook.

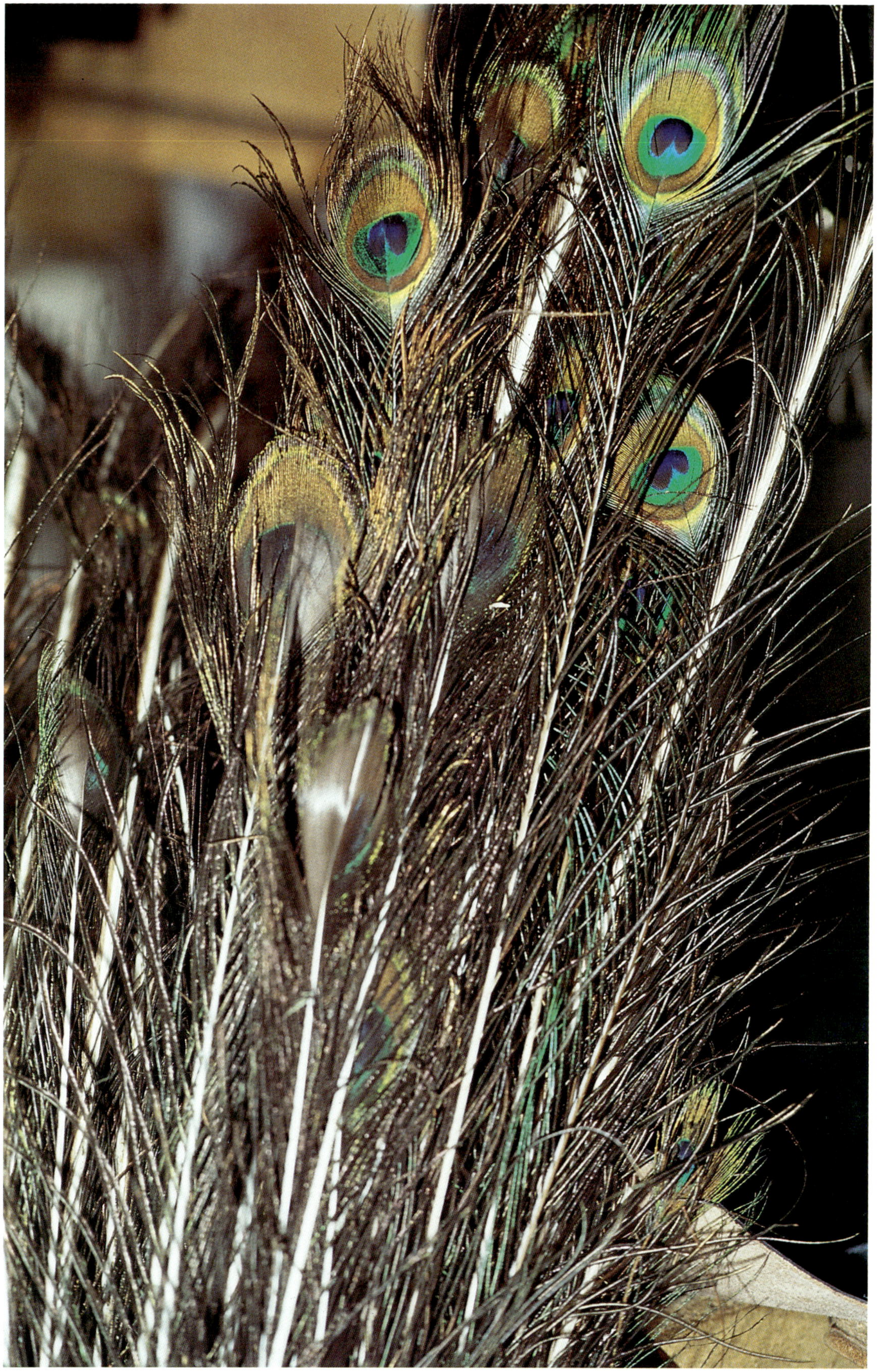

188

Seite 187, 188 und 189:
Neben Luis THALER in Sarnthein (Südtirol)
kommen diese federkielgestickten Trachtenschuhe:
Es sind fast unverwüstliche Stücke, überaus gediegene Handfestigkeit.
Stolze Alpinmenschen können sich sodann mehrfach
mit den sprichwörtlichen fremden und exotischen Federn schmücken:
am Bauch, an den Füßen und am Handtäschchen der Dame…

Seite 190 und 191:
So wird also der „Ranzen" zum Schmuckstück des Trägers (selten der Trägerinnen),
zum Herzeigrenomierstück des schneidigen Trachtlers,
des selbstbewußten (stolzen) Älplers,
vorne dran bei Herzeigaufmärschen uns bei Folklore-Paraden,
egal ob zu Fronleichnam, beim Schützenfest oder beim Umzug.

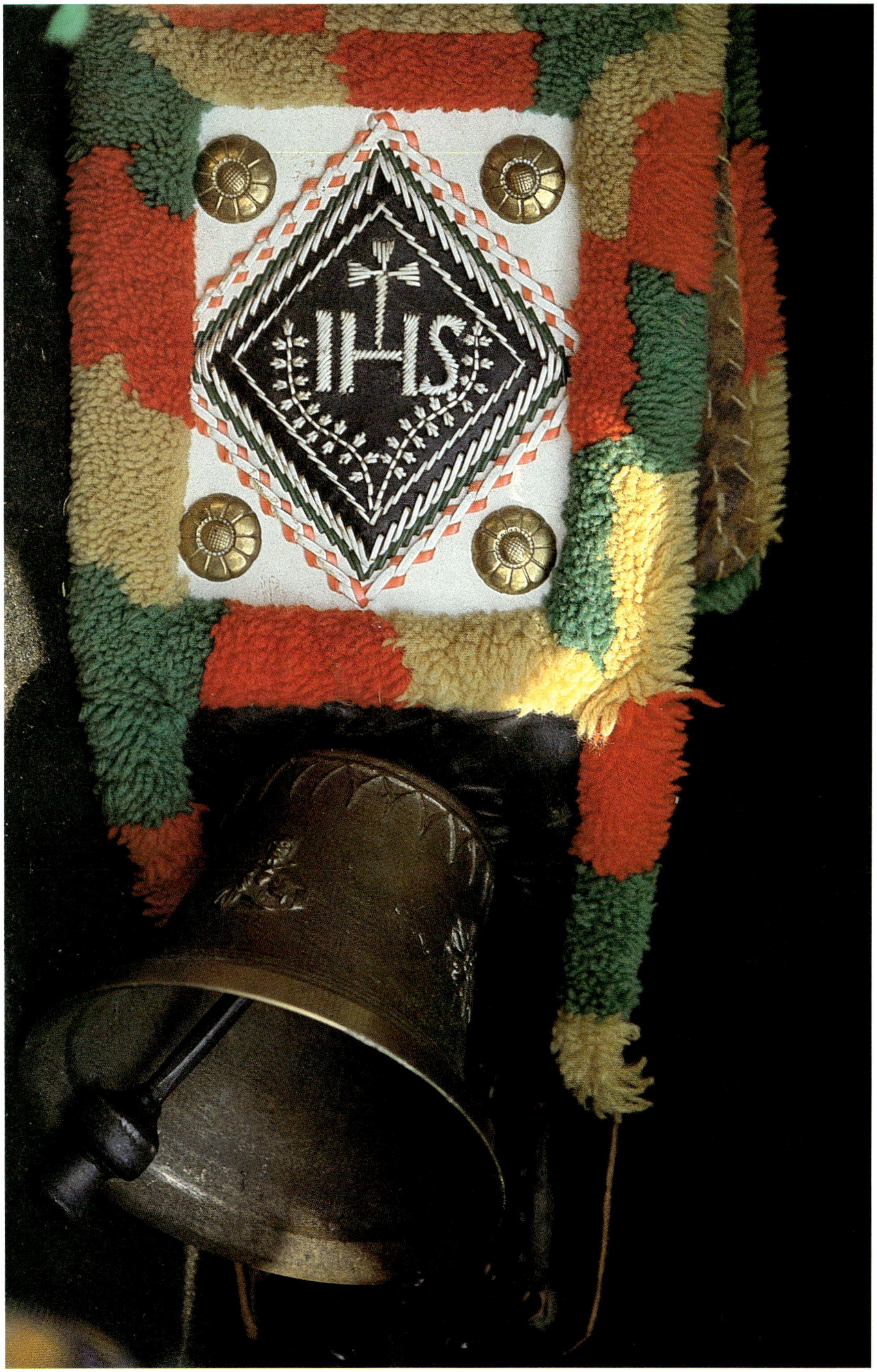
IHS

Aus der Werkstatt des Luis THALER in Sarnthein (Südtirol)
kommen diese federkielgestickten Trachtenschuhe:
Es sind fast unverwüstliche Stücke, überaus gediegene Handfestigkeit.
Stolze Alpinmenschen können sich so dann mehrfach
mit den sprichwörtlichen fremden und exotischen Federn schmücken:
am Bauch, an den Füßen und am Handtäschchen der Dame.

Seite 193:
So also können sich trachtlich aufgeputzte Menschen an Feiertagen
mit ihren handwerklich-meisterlichen Bauchriemen sehen lassen.
Meister THALER und die wenigen ihres Gewerbes
stellen beinahe unverwüstliche Stücke her:
Schuhe, Bauchriemen, Glockenbänder.

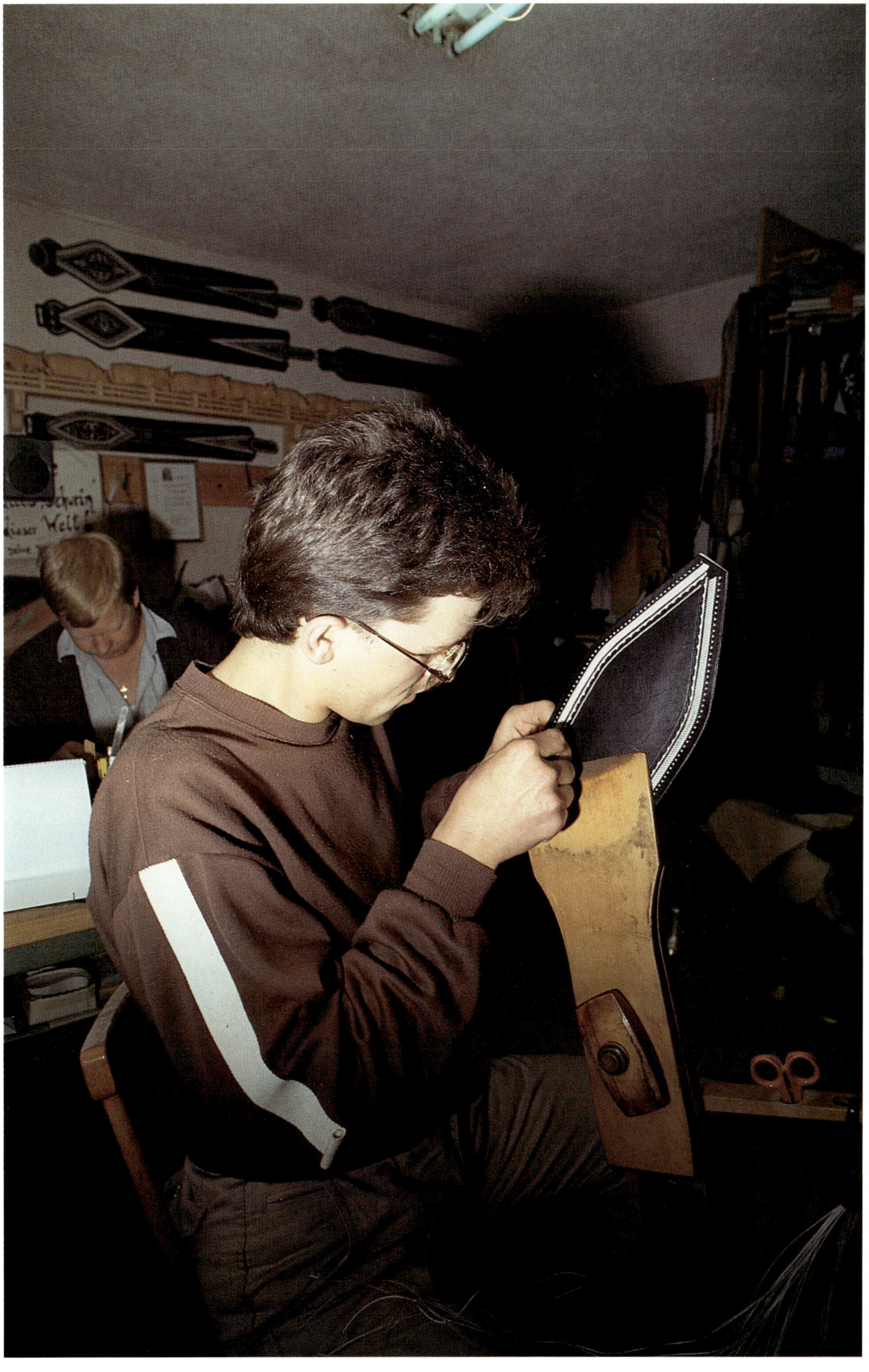

VARIANTE ZUM „HANDWERKERLIED" ODER „DER ÜBERFLÜSSIGE" (ISELTAL).

1. I bin hålt a überig's
Ding auf der Welt
Und i hòn nix und kriag nix
Kåa Haus und kåa Feld,
Åber wenn i a Håndwerk kunnt',
Åft wâr's woll såggrisch gsund,
Kånnt i a Måaster wear^d'n,
Dös liaß si hearn.

2. Wenn i a Schuster wâr',
Gâng i auf Stäar,
Der Bauer gab's Löder hear
Und â die Schmear;
Und um wås za viel tuat sein,
Schiab i in mein' Såck ein,
Siecht mar's kåa Mensch nöt un,
I gâng dervun.

3. Wenn i a Maurer wâr'
und hött' a Köll,
Dö nâhm i fein långsåm hear,
Gâng's, wia's da wöll.
Då müaßt schun Åll's k'richtet sein,
Kålch und Sånd â glei d'rein,
Und wenn schun nöt viel g'schiecht,
I kriag mei Schicht.

4. Wâr' i a Zimmermann
Und hött' an' Beil,
Den nahm' i fein güatla hear
Und liaß mar derweil.
Und wenn i amål â schleif'n tât,
Liaß i mar treib'm stat,
Und wötz'n tât i â a Stund,
Gâng der Tòg z'Grund.

5. Wenn is a Wöber wâr',
Hött' a guat's Gòrn,
Åft müaßt i ban Stück'l,
Drei Öll'n derspòr'n.
Und wenn hålt die Bäurin kâm',
Dö gâb' mar Milch und Rahm,
I lüag ihr 's Maul voll un,
Miar glab^t sie 's schun.

6. Wenn i Wògner wâr'
und måchat an' Wògn,
Und 's Radl voll Tadl wâr',
I tât's nöt sòg'n;
Die Bau'rn verstand'n 's nöt,
Fòhrat'n schien håam d'rmit,
Und wenn's schun nöt lång tât' daur'n,
Is guat für an' Bau'rn.

7. Wenn i a Müller wâr'
Und hött' a Mühl',
I liaß sie nöt z'reasch umigahn,
Kròd a wenk still;
's Möss'n sell kånnt i woll,
Von Star zwåa Maßl voll
Und von an' gupft'n Star
Drei Maßl går.

8. Wenn i a Böck wâr'
Und båch'n tat Brot,
Nâhm' i drei Viertel Meahl,
Ånstatt an' Pfund;
Hopf'n dös nâhm' i woll,
Daß wur^d' der Of'n voll,
Die Leut kafat'n denno toll,
Wenn's schun wâr' hohl.

9. Kåa ruaßiger Kjohlbrenner,
Dös möcht' i nöt sein,
I fürchtat mâr ålleweil,
Der Hauf'n gång ein.
Wenn hålt der Tuifl kâm
und bei miar Hörbrig nâhm',
Dös wâr' a schianer Gruaß,
Båade voll Ruaß!

Der sperrige Umgang mit dem Glas.
Seit etwa vierhundert Jahren besteht der Betrieb SPECHTER
in Schlanders im Vinschgau/Südtirol.
Spezialitäten sind unter anderem die Glasfenster.

Seite 196, 197, 198 und 199:
Für die BLEI-VERGLASUNG werden die Rähmchen hergestellt,
und in diese werden die Glasstücke eingesetzt.
Auf diese Weise entstehen in der Werkstatt SPECHTER
wie seit mehreren hundert Jahren die Glasfenster und Glasdekorationen
– immer auch dem Stil und Geschmack der Zeit verpflichtet.

197

198

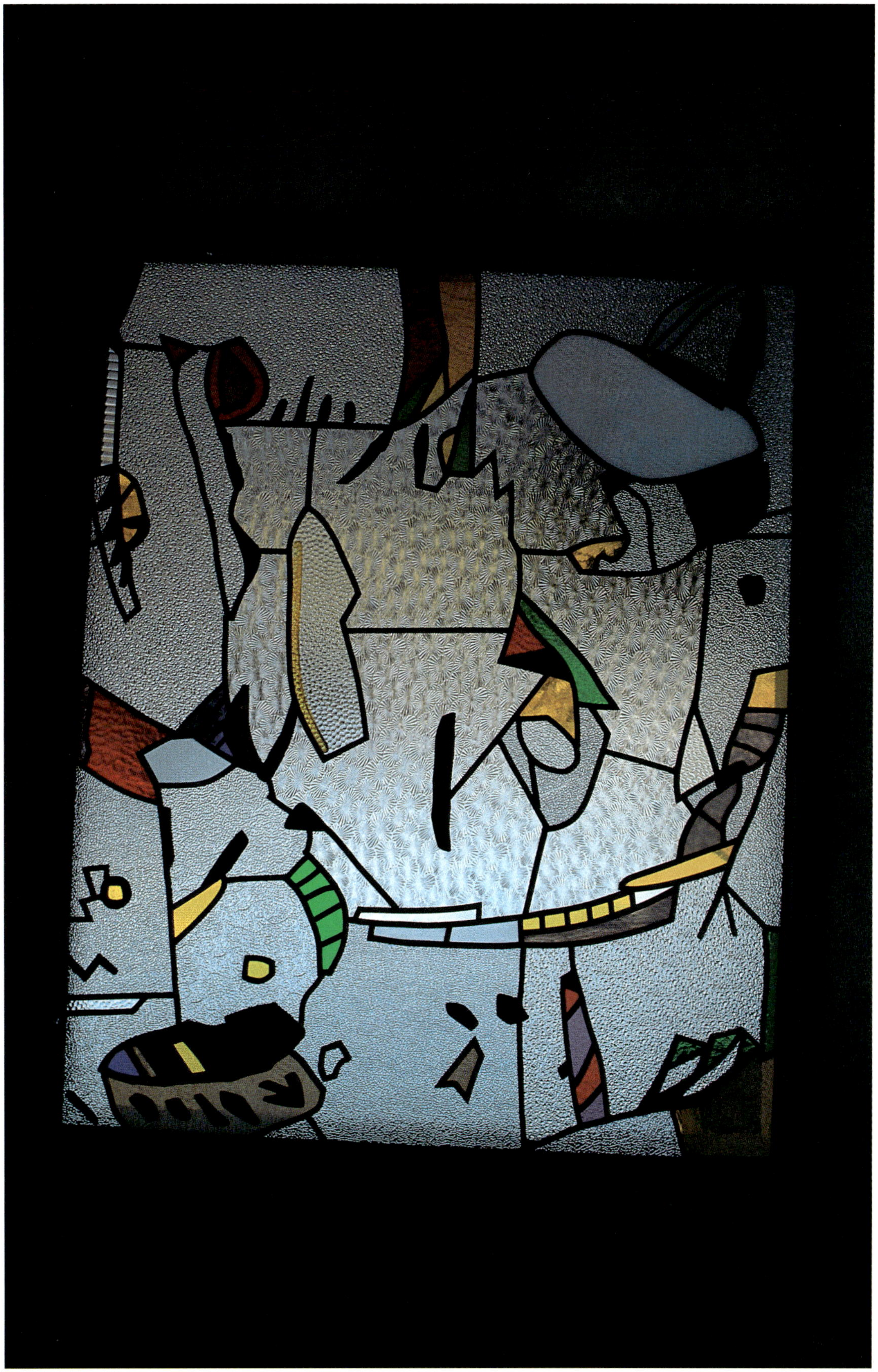

Es hängt damit zusammen, daß ich mit Gianni *BODINI* aus Schlanders
einen genauen Kenner der Situation in Südtirol
für dieses Buch und für die vielen Bilder gewinnen konnte.
Wie schon beim Buch „*Mythos und Kult in den Alpen*"
gibt es hier wieder eine Südtirol-Lastigkeit.
Ganz im Sinn der Idee des Buches.
Der Schuhmacherbetrieb *STECHER* in Schlanders im Vinschgau
ist sehr typisch für diese altartige Handwerkstechnik.
Es ist weitum der einzige derartige Betrieb.

Der alten Handwerks-Kultur muß ein Loblied gesungen werden,
es muß daraus ein Nachruf gestaltet werden,
es muß zumindest einiges in Bild und Text erhalten bleiben,
von diesem bunten Sammelsurium
von Klebstoffen, Leimresten, Nagelsortimenten, Stockerl, Ahle
und dem alten Meister.

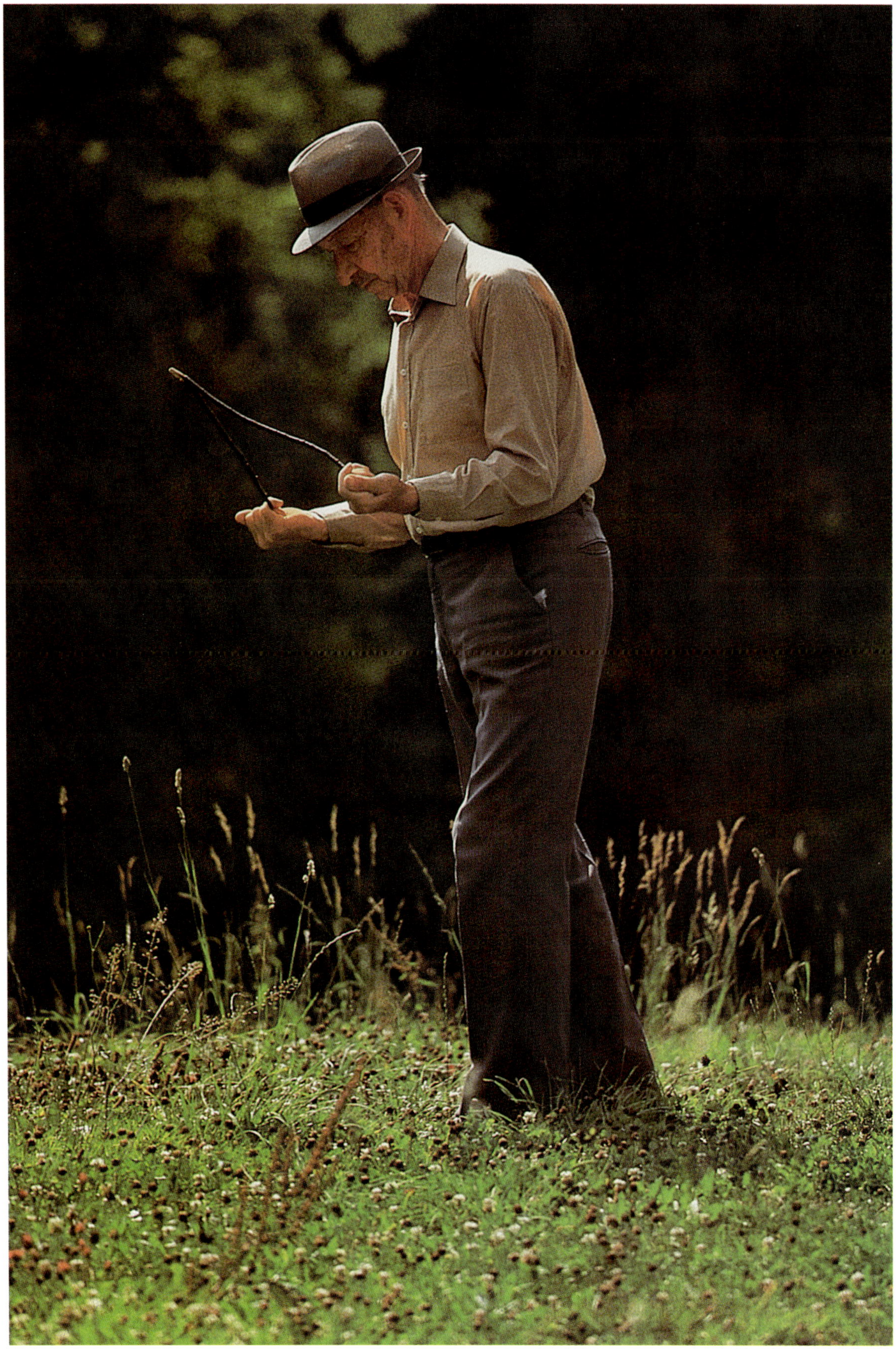

Seite 202 und 203:
Was hat der WÜNSCHELRUTENGÄNGER mit dem ALTEN HANDWERK zu tun?
Im Buch „*Bodenständige Berufe*" (Lausanne, 1985)
steht er vollwertig neben dem Schäfer, dem Steinmetz,
dem Feldmauser, dem Winzer, Strahler und Schnapsbrenner.
Immer ist es der ganz besondere Umgang mit der eigenen Hand,
mit dem Hilfsinstrument am eigenen Körper,
zum Erfühlen, Ertasten, Verlängern, Kontrollieren…

„DIE HANDWERKER"

5. Die Zimmerer åwoll desgleichen,
Sie pass'n woll oft z'wienig auf;
Sie müaß'n den gånz'n Tòg wötz'n und schleif'n,
Geaht ihnen am Zuig zu viel auf.
Sie håck', dar an' Bam woll an' lången,
Müaß'n ålleweil möss'n und spånnen,
Die Schåat'n die fliag'n empor,
[[: Z'löscht fahlt's hålt båld hint'n und båld vor. :]]

6. Schlosser und Schmiede sein Flögl,
Sie bringen 's alte Eis'n guat un;
Då måch'n sie Hufeis'n und Nög'l,
Am Sunntig versauf'n sie 's schun.
Die Röderer låss'n 's Radl woll lauf'n,
Die Bindder tien fröss'n und sauf'n,
Die Tischler keahr'n å darzua drein,
[[: Weil dös die fünf Saufbrüader sein. :]]

Aus den Dolomiten: So und sehr ähnlich kennen wir es überall.
Die Hand am Holzbehälter; die Hand zieht Hebel
und läßt das Wasser bzw. den Strom in die Mühle;
die Hand schlußendlich im Gemahlenen,
die das Mehl zwischen den Fingern durchrieseln läßt.
Ein Stück Lebensgrundlage für viele tausend Menschen:
Voraussetzung für Brot, Brei, Nahrung in der vielfältigsten Form.

Unter dem schweren Kopf die Hände vergraben.
Der Schnapsbrenner ist müde.
Die Ermunterung kommt später.

Die Hand am Faden.
Der Faden zwischen den schwieligen Fingern der alten Frau.
Auch das ist HAND-WERK – irgendwo in den Dolomiten.

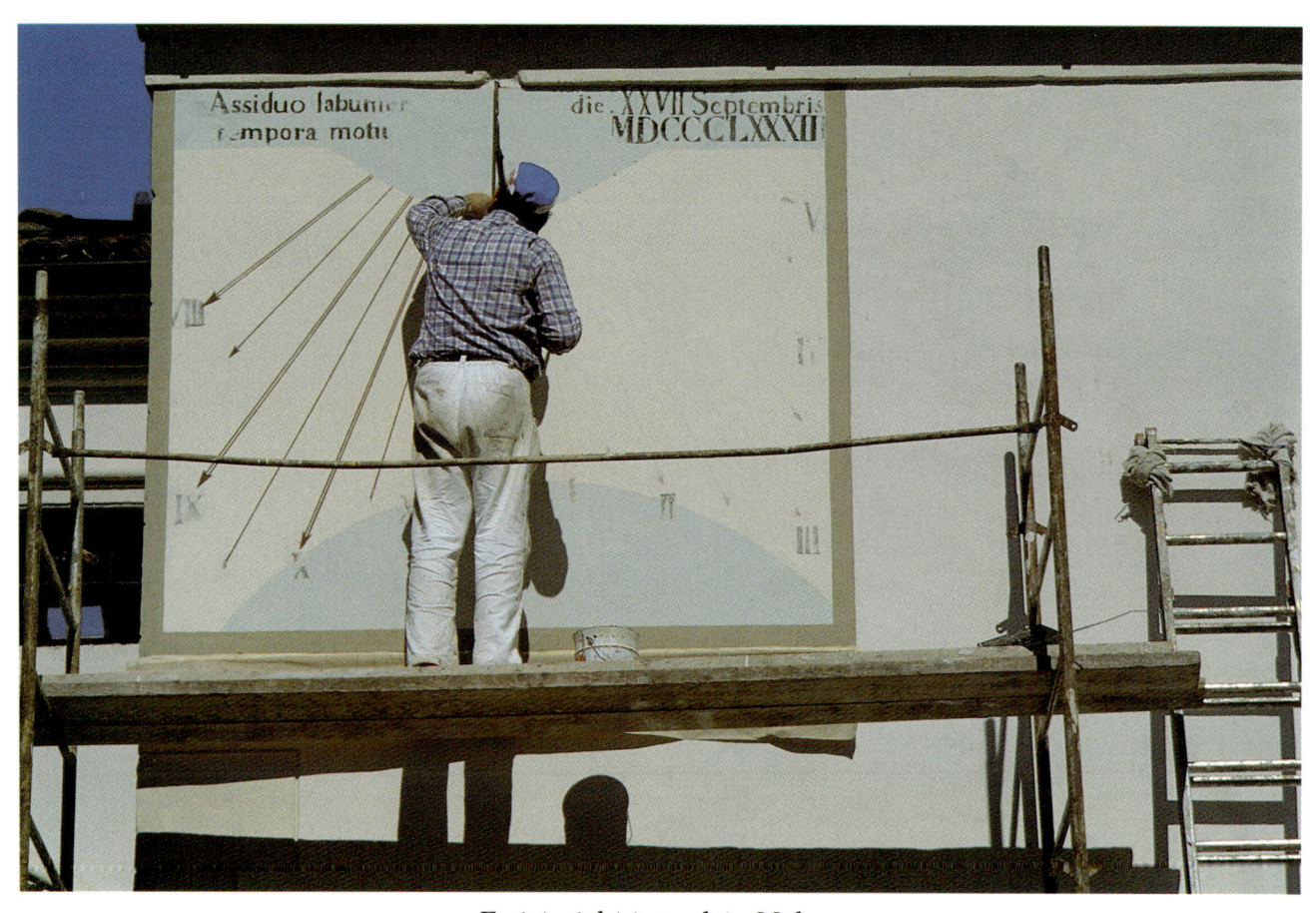

Es ist nicht irgendein Maler.
Besondere Experten sind die heute sehr selten gewordenen Sonnenuhr-Maler.
Der italienische Meister kommt weit herum im Lande.

Die Pantoffeln werden handgemacht.
Die dicke Sohle wird angenäht
– Östliches Dolomitengebiet.

Eine seltene Aufnahme:
einer der herumziehenden Regenschirm-Macher hat sich im Dorf niedergelassen.
Die Leute bringen ihre beschädigten Schirme.
Die Gruppe der alpenländischen Vaganten hatte sich durch lange Zeit
mit dem Regenschirmreparieren, dem Scherenschleifen und Pfannenflicken
so recht und schlecht über „Wasser" halten können...
zum Leben gerade ausreichend.
Zum Sterben zu viel...

Wiederkehr & Chance

Etliche Handwerke werden wieder aktuell.
Neue/alte Handwerker stellen massenweise Schmiedeeisenlampen,
Türbeschläge, Souvenirs, Messingbeschläge und viel Nostalgisches her.
Umwelt- und ökologiebewußt werden alte Werkstoffe wie Holz und Textil
wiederentdeckt für Spielzeug aus Holz, für hölzerne Badewannen...
Eifrig bemühen sich Hobbyhandwerker in der Kunst der Kerbschnitzerei,
der Hinterglasmalerei...
Selbstgebasteltes Handwerk in Stube, Vorzimmer, Zweithaus...
Profitiert das (gewerbliche) Handwerk aus diesem Boom... ?

Der Schreiner.

Ich bin ein Schreinr von Nürenberg/
Von Flader mach ich schön Teflwerck/
Verschrottn/vnd versetzt mit zier/
Leisten vnd Sims auff Welsch monier/
Thruhen/Schubladn/Gwandbehalter/
Tisch/Bettstat/Brettspiel Gießkalter/
Gestirncust/köstlich oder schlecht/
Eim jeden vmb sein pfenning recht.

991 Jahre
Fiera di Sant' Orso –
Sankt-Ursus-Markt in Aosta

Im Jahre 1991, am 30. und 31. Jänner, fand der wohl älteste Markt der Alpen, vielleicht der älteste Markt Europas, in der Hauptstadt AOSTA/Italien statt.

Ein bunter Katalog enthält 85 Plakatentwürfe der Künstler aus Rom, Mailand, Turin, Aosta usw. für diesen Markt.

Dem heurigen Markt im Jahre 1991 ist ein überaus aufwendig gestalteter Bildband, ein Prachtwerk, gewidmet.

Anläßlich der Handwerksmesse wurde eine eigene *„MESSE DEGLI ARTIGIANI"*, *„MESSE DES ARTISANS"*, also eine feierliche Meßfeier mit alten Liedern gefeiert.

Auf den Plätzen und den engen Gassen tummeln sich riesige Menschenmassen, kaufend, redend, handelnd, schreiend; scharen sich um die Handwerker, vergleichen und handeln.

Bretter werden angeboten: rund, oval, rechteckig, für Käse, Wurst, Polenta, Brot, „copapan" – mit Gitter, damit die Brösel durchfallen können.

Butterformen werden angeboten; viele Familien haben ihren eigenen Model mit eigenen Motiven.

Eine Besonderheit stellen die FREUNDSCHAFTSBECHER dar, die *„la coppa dell'amicizia"*, flache, runde Behälter aus Holz, mit flachem Deckel und vielen Schnäbeln, damit jeder für sich seinen Trink-Schnabel hat. Für den CAFFE ALLA VALDOSTANA (Kaffee mit Grappa und Zucker – sehr süß, sehr heimtückisch, sehr wirksam).

Da gibt es vor allem Holz-Handwerk, in allen Gassen, auf allen Plätzen: die i sabots, die zoccoli, also die Holzschuhe, die bäuerlichen Gebrauchsartikel wie Rechen, Melkschemel, Butterformen, Käseformen, Leitern, Körbe, Buckl-Kraxn, Schleifsteinbehälter und Möbel.

Holzbildhauer stellen ihre Masken aus, kostbare Skulpturen, Schnitzwerke, vor allem mit Darstellungen aus dem bäuerlichen Leben, Schnupftabakdosen und immer wieder – ähnlich dem Freundschaftsbecher – die LA GROLLA in den verschiedensten Formen, aus hartem Holz gedrechselt, dann in rotem Wein gekocht zur Gewinnung des speziellen Farbtons.

Aus dem Bergtal COGNE haben die Frauen ihre kunstvollen KLÖPPELARBEITEN mitgebracht. Es sind Arbeiten, die immer noch getan werden, hauptsächlich für die lebendige Tracht dieses Tales.

Aus dem Bergtal VALGRISENCHE kommen gewebte Stoffe auf den Markt, il drap, hergestellt aus Wolle, seit vielen

Einige der besonders in der Region AOSTA
gebräuchlichen FREUNDSCHAFTSPFEIFEN und „GROLLA".
Reihum wird daraus getrunken.

Generationen, immer als Nebentätigkeit zur Viehzucht. Nicht nur Frauen, sondern auch Männer arbeiteten an den Webstühlen. Die Hersteller der „DRAP" im Tal haben sich zur Genossenschaft „LES TISSERANDS" zusammengeschlossen.

Aus einem Bergtal, dem CAMPORCHER, kommt eine andere Spezialität.
Im Tal wurde Hanf angebaut und gewoben. Nachdem diese Art der Weberei fast aufgehört hatte, fast der Vergessenheit anheim zu fallen drohte, erfolgte in den letzten Jahren die Erneuerung. Eine Web-Schule wurde aufgebaut, eine Genossenschaft gegründet, die LOU DZEUT. Örtliches, heimisches Handwerk hat wieder Saison. Es muß eine Initiative dahinter stehen. Es muß neue Organisationsformen geben und ein neu erwachtes Bedürfnis nach Handgemachtem.
Der Markt von AOSTA beweist die Aktualität des Handwerks.

Impressionen vom Handwerkermarkt in AOSTA
Ende Jänner jeden Jahres
−1991 zum 991. Mal.

Seite 216, 217, 218 und 219:
Sehr wichtig sind die Geräte und Handwerkserzeugnisse für Bauern.
Da werden Holzrechen, Melkschemel, Spanschachteln,
Glockengute aus Holz, Souvenirs, Holzsiebe in allen Größen,
Holzplastiken und alles erdenkliche Hölzerne angeboten.

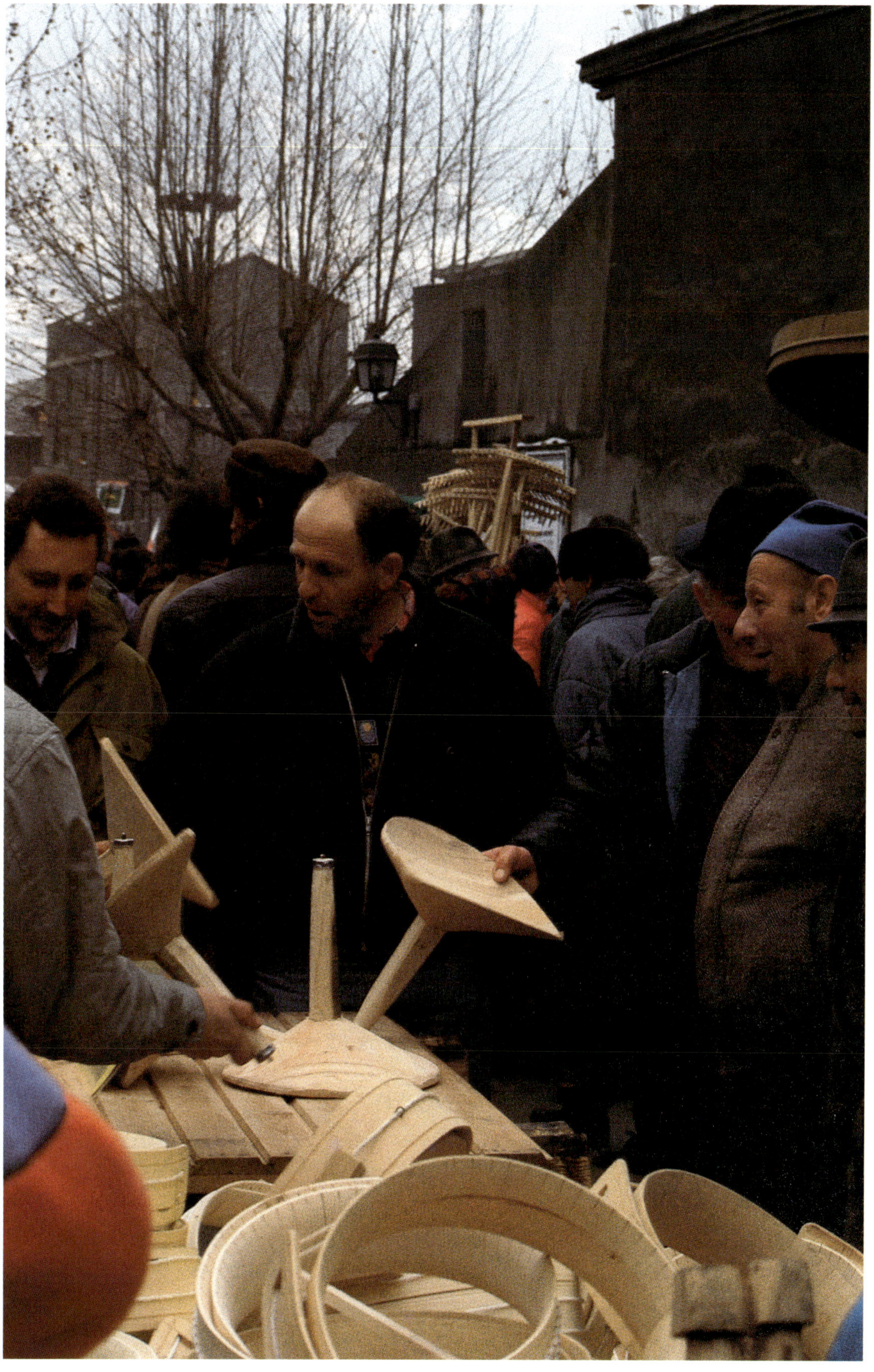

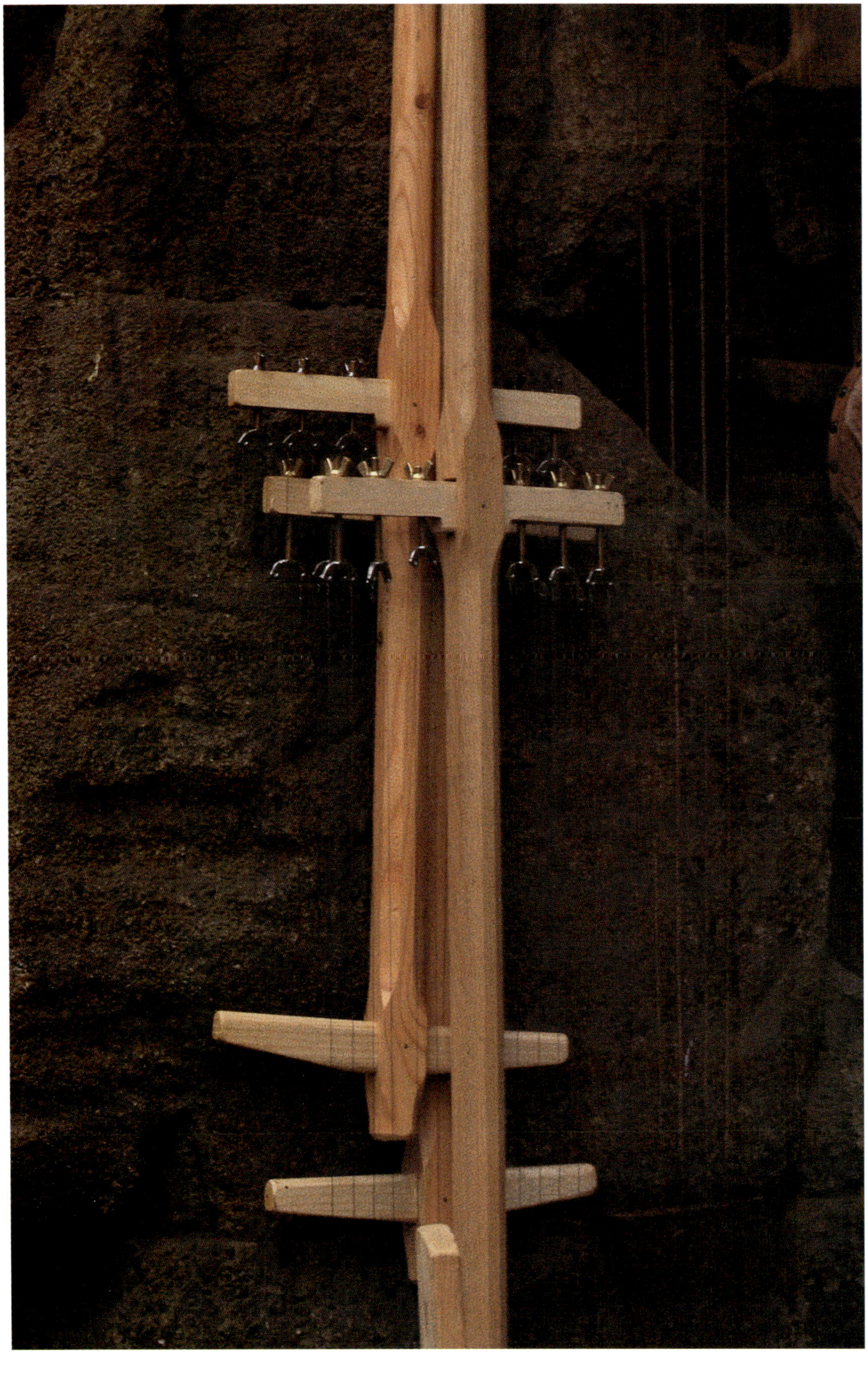

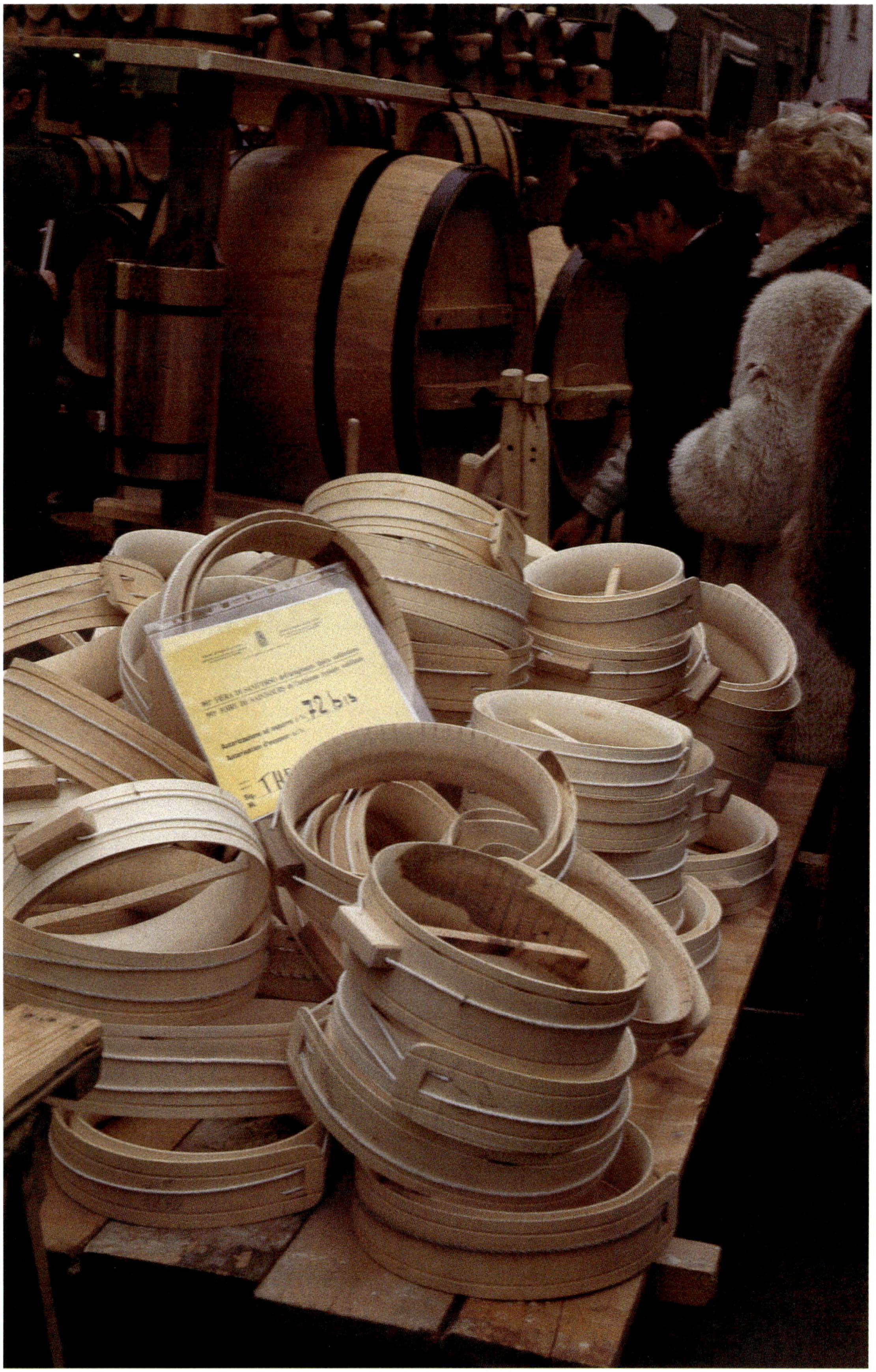
72 bis

Presque dzë siécle
sont passò
et cen l'est restò
la feira di bouque
di bon flo
d'in tsi no.
De totte le grolle
le statue di saint
le tsamos
le boquetin
le tsaven
le ratë, le s'étséle penduye
et le beurëre pansuye
le coppa-pan taillen
le platë llouien
...
Que joulià la feira
de janvié!
No montre çalle man
que d'iveur
tsapòton, trasmèton
la pensò i bouque ...
Man d'artiste
carréye, forte, douce
achouëdzon
taillon
baillon
a de simplo tron
la leumiére di son
la meusecca di forme
dépositére
de l'érctadzo royal
de noutro art pastoral!

da „La feira de St. Ors"
di Armandine Jerusel

(Übersetzung)

Fast zehn Jahrhunderte
sind vergangen,
aber die ist geblieben,
die Holzmesse,
mit dem guten Geruch
wie zuhause.

Von all den hölzernen Humpen
und Heiligenstatuen,
von Gemsen,
Steinböcken,
Körben,
Rechen, Leitern an der Wand,
und bauchigen Butterfäßchen,
scharfen Brotschneidemaschinen
und glänzenden Jausenbrettern.

Wie schön
ist die Messe im Jänner!
Sie erzählt uns von diesen Händen,
die den ganzen Winter über
schnitzen, dem Holz
und die Gedanken einprägen...
Hände von Künstlern;
vierschrötig, stark, sanft,
schleifen sie,
schneiden sie,
geben sie einfachen Klötzen
das Licht des Klanges,
die Musik der Formen,
die das königliche Erbe
unserer Hirtenkunst bewahren!

Aus: „La feira de St. Ors" (Aosta)
SALVATORE CAZZATO
Übersetzung: Xaver REMSING

Einer der jahreszeitlichen Höhepunkte in der alten Stadt
mit den meisten römischen Denkmälern
aller italienischen Städte, in der Regionshauptstadt AOSTA,
ist dieser St. Orso-Markt.
Auch hier äußert sich das Eigene und das Besondere
einer nunmehr autonomen Region innerhalb des
italienischen Staates.

Im Jahre 1991 fand zum 991. Mal der St. Orso-Markt in Aosta statt.
Handwerker aus der ganzen Region kommen
hauptsächlich mit Holzwaren, aber auch mit Klöppelstickereien,
Lederwaren usw. auf diesen ältesten bekannten Markt der Alpen.
Hier zeigt sich wie kaum anderswo die Lebendigkeit
und Notwendigkeit des überlieferten Handwerks.

Hausa & Schwegler

Seit fünfzig Jahren treffen sich auf einer Alm im Salzkammergut, einmal in der Gegend von Ebensee, dann wieder bei Ischl, Goisern, Altaussee, Gosau, Bad Aussee die SCHWEGEL-Pfeifer, diese auf dem alten Instrument der Querpfeife spielenden Menschen von der Umgebung, aus ganz Österreich, Südtirol und Bayern. Immer am 15. August. Seit fünfzig Jahren. Es gab Zeiten, da war das alte Instrument fast vergessen. Jetzt werden es immer mehr, vor allem junge Leute, die darauf spielen. Die Querpfeife oder Schwegel, die am Salzkammergut-Pfeifertag gespielt wird, stammt zu mehr als 90 % vom *Hausa-Schmidl* aus Treffen bei Villach in Kärnten.

GÄBE ES DEN PFEIFERTAG OHNE DEN HAUSA-SCHMIEDL?

Der gelernte Tischler ist jetzt weit über 80 Jahre alt. Seit nunmehr 60 Jahren erzeugt er die Schwegeln. Vorwiegend wird Birnenholz verwendet, aber auch das Holz vom Zwetschkenbaum, vom Nuß- und Eibenbaum. Sein letzter Versuch mit dem sehr leichten Holz des Essigbaumes zeigt, wie er nach wie vor an Hölzern und Tönen herumprobiert.

Das Holz muß mindestens drei Jahre gelagert sein. Die künstliche Trocknung ginge zwar schneller, aber das Holz wäre nicht so gut ausgereift.

Für die Herstellung verwendet er drei verschiedene Schablonen und zwar für jede Länge. Die Länge bestimmt die Tonhöhe.

Die erste Schablone gibt Länge und Querschnitt der Hölzer an.
Die zweite Schablone gibt die Stärke der Bohrung vor und zeigt den fertigen Durchmesser und die Wandstärke.
Die dritte Schablone zeigt den Sitz der Grifflöcher; sechs Stück plus einem Anblasloch. Außerdem wird der genaue Sitz des Korkens am oberen Ende und damit die endgültige Länge der fertigen Schwegel fixiert.
Die Schablonen haben in der Mitte einen Schlitz. In diesem lassen sich die sieben Markierungspunkte beliebig verschieben und an der richtigen Stelle festschrauben. Um diese Stellen exakt zu finden, werden zuerst die Abstände berechnet. Das weitere geschieht durch Probebohrungen und anschließendes Ausprobieren mit Hilfe des Stimmgerätes.
Barbara *Haid* hat Fertigung und Arbeitsgänge genau beschrieben und einzelne Vorgänge fotografiert. Es kann sein, daß der Sohn des *Hausa-Schmiedl* den Schwe-

gelbau weiterführt. Jedenfalls kann das Werk dieses Handwerks-Meisters auf diese Weise dokumentiert werden.

Die Arbeitsgänge:
Das Zuschneiden der Kanthölzer erfolgt nach Schablone Nummer 1, zuerst mit quadratischem Querschnitt, und dann werden sie durch Wegnehmen der Kanten acht-kantig gemacht.
Anschließend werden sie gebohrt: Das Kantholz wird eingespannt und automatisch gedreht: Zuerst wird mit einem dünnen Bohrer ganz durchgebohrt. Bei zylindrischen Schwegeln erfolgt das Durchbohren mit einem dickeren Bohrer. Bei konischen Schwegeln erfolgt die weitere Bohrung in zwei Schritten. Der erste Schritt ist das stufenweise Bohren mit immer dickeren Bohrern. Das Maß ist durch Schablone Nummer zwei vorgegeben.
Der zweite Schritt erfolgt mit dem Spezial-Konus-Bohrer, der nach Angaben von *Hausa-Schmidl* extra angefertigt wurde.
Sodann werden die Schwegeln gedrechselt. Anschließend werden die Grifflöcher und das Anblasloch gebohrt. Das erfolgt mit Schablone 3. Die fertigen Schwegeln werden drei Tage in 90 Grad heißes Paraffin gelegt.

Der *Hausa-Schmidl* ist ein überaus korrekter Handwerker mit größter Sauberkeit und Präzision.
„Seine Werkstatt ist sehr klein, alles ist sauber in Kästen verstaut und jedes Stück extra beschriftet. Bohrer mit der Aufschrift ‚Eibe', auf den Schablonen genaueste Angaben über Maße, diese Schablonen wiederum feinsäuberlich hintereinander in einem kleinen Kasten aufgehängt. Dann natürlich ladenweise die zum Verkauf bestimmten Schwegeln, in einer Schachtel die ‚besonderen', das sind die eibenen oder die mit Ästen oder die verbogenen (und dadurch nicht schlechteren, aber die unverwechselbaren Schwegeln). Diese Stücke sind für solche Schwegler, die extra nach ihnen fragen. Die anderen bekommen die ‚gewöhnlichen'-birchenen. Nicht zu vergessen der Kasten in seiner Werkstatt, mit extra Beleuchtung mit einer Schwegelsammlung. Von jedem Versuch (gelungen oder auch nur Spielerei) und jeder Variation steht dort ein Exemplar. Die noch freien Plätze in seiner Werkstatt sind ausgeklebt mit Fotos, Plakaten..." (aus dem Erhebungsprotokoll von B. Haid).
Es hängt dort auch das Foto des schwegelpfeifenden Alois Blamberger aus Bad Ischl, des „Blan Lois", des höchst begnadeten Volksmusikanten aus dem Salzkammergut, des langjährigen Organisators vom „Pfeifertag", also des Schwegelvaters und des Vorbilds für viele viele Musikanten.

Musikanten sind willkommen beim *Hausa-Schmiedl*, vor allem die Schwegler und die Spezialisten.

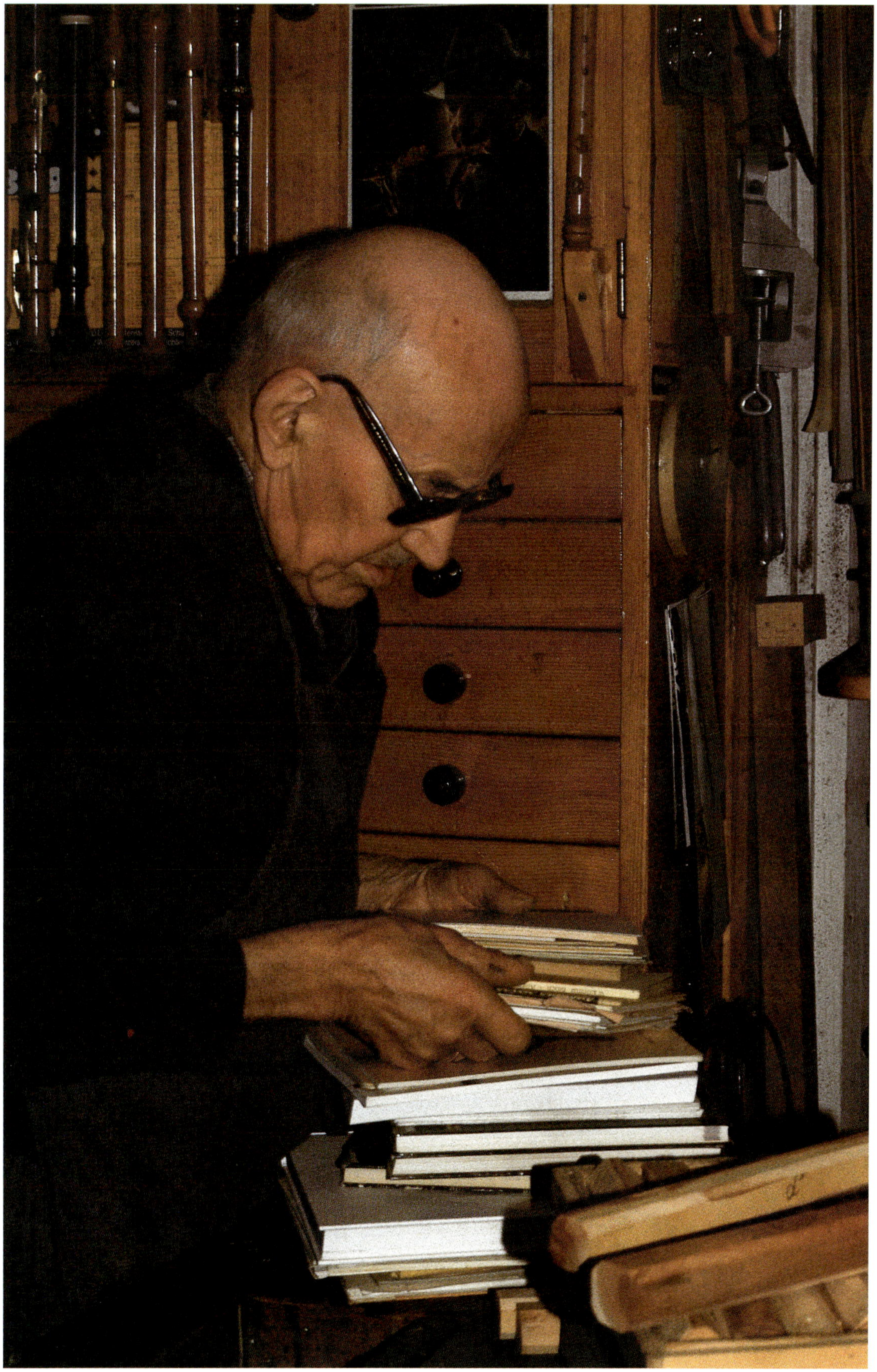

Seite 225 und 226:
Der weit über achtzig Jahre alte *Hausa-Schmiedl*
ist Österreichs unumschränkt bester und einzigartiger Experte
in Sachen „*SEITELPFEIFE*" (Querflöte).
Seit über sechzig Jahren steht er in seiner kärntnerischen Werkstätte
und hat fast alle Seitelpfeifer Österreichs und von Bayern mit seinen Pfeifen ausgestattet.

Ein Blick in den Werkzeugschrank:
Alles ist überaus sauber und übersichtlich geordnet,
die ganze Palette der Schraubenzieher,
vor allem der Stemmeisen und Hobel, der Feilen und Bohrer…

Die Pfeifen werden aus speziellen Hölzern, meist aus Birnenholz,
gedrechselt und mit Spezialbohrern ausgebohrt,
genau nach den selbstentwickelten Schablonen.
Die Nachfrage ist gut. Beste Handwerkskunst lebt weiter. Jetzt ist der Sohn bereits eingearbeitet. Die Zukunft scheint gesichert.

Schindelklieber & Schindelmacher

Gute Lärchenschindeln auf einem Kirchendach müssen hundert Jahre halten. Erfahrene Schindelmacher geben eine Garantie darauf. Es kommt auf vieles an:
Am besten sind hundertjährige Lärchen, vom Schindelmacher selbst ausgesucht, bereits im Wald abgeklopft.
Selbstverständlich müssen astreine Stücke verwendet werden.
Die Handschindel wird riftweise, also nach dem stehenden Jahr gemacht. Die harten und weichen Jahre werden voneinander gespalten. Eher handelt es sich um ein vorsichtig-gekonntes Auseinanderziehen. Die maschinell hergestellten Schindeln werden mit einem scharfen Messer glatt durchgeschnitten. Dabei wird keine Rücksicht genommen auf die Rifte.
Die Handschindel ist aus diesen Gründen dauerhafter. Hingegen ist die Handschindel ungleichmäßig dick und gibt keinen so präzisen und gleichmäßigen Belag.
Wie der bewährte Schindelmacher Lorenz KRÖTTLI aus Untervaz in der Schweiz mitteilte, können gute Lärchenschindeln sogar bis 200 Jahre halten. Lärchenschindeln sind sehr schwer zu nageln, weil sie leicht springen. Für die Schweiz gilt, daß die Lärchenschindeln vor allem im Bündnerland hergestellt werden.

Die gebräuchlichsten Schindeldimensionen in der Schweiz sind:

ZIEGELSCHINDELN:
30-33 cm lang und 5-8 cm breit
UNTERZUGSCHINDELN:
45-50 cm lang und 6-10 cm breit
RANDSCHINDELN:
20-25 cm lang und 5-8 cm breit
RUNDSCHINDELN:
12-15 cm lang und 4-7 cm breit
EICHENSCHINDELN:
20-25 cm lang und 5-8 cm breit

Dort wird auch unterschieden zwischen dem SCHLAUFSCHIRM (Toggenburg, Tösstal, Innerschweiz) und GLATTSCHIRM (St.Gallen, Appenzell usw.)
Für den Glattschirm sind feine, gleichmäßig dicke und gleichmäßig breite Schindeln nötig.
Älter und einfacher ist der Schlaufschirm. Dazu können fast ausschließlich die handgemachten Schindeln verwendet werden.
In der Schweizer *„HEIMATWERKSCHULE auf der Mülene"* hat zuletzt im Februar 1991 ein Kurs in Schindeln Machen und Anschlagen stattgefunden. Lehre waren die Schindelmacher Lorenz KRÖTTLI, Fintan KÄLIN und Peter MÜLLER.

Der Schindelmacher „SCHINTLER PAUL" im Vinschgau.

Neue Genossenschaften und alte Kooperationen

In einigen Bergtälern, die in besonderer Weise regional und wirtschaftlich benachteiligt sind, haben sich seit Jahrhunderten besondere Formen der Spezialisierung herausentwickelt: die Schnitzereien vom Grödental, die Scherenmacher von Premana (oberhalb des Como-Sees in Italien), die Hutmacher vom Osttiroler Defereggental, die Schmiedearbeiten vom Stubaital. Einige leben weiter, sind erneuert und der heutigen Marktwirtschaft angepaßt. Einige sind neu dazugekommen:

VINTSCHGAU

Anläßlich des Internationalen Kleinkunstfestivals Obervintschgau, 26. 8. – 1. 9. 1990 gab es eine Ausstellung und eine Zusammenstellung über *„Kunst-Hand-Werker"* in dieser Region. Da traten zwei Instrumentenbauer, ein Blechblasinstrumentenbauer, ein Buchbinder, fünf Weberinnen, eine *„Patschanmacherin"* und eine Spinnerin auf, da wurde bewußt, welche Kraft und welche innovative Stärke im regionalen Handwerk liegen kann. Ein wichtiger Impuls war gesetzt.

ULTENTAL

In diesem Südtiroler Bergtal fand im Jahre 1982 eine Ausstellung unter dem Motto *„Ultner Handwerk"* statt. In einer kleinen Festschrift wurden viele der im Tal tätigen Handwerker vorgestellt. Derzeit sind im Tal etwa 110 Handwerker mit fast 200 Beschäftigten tätig. Dieser Wirtschaftszweig stellt eine sehr starke Säule neben Landwirtschaft und Tourismus und bildet die Existenzgrundlage für ca 750 Personen. Alle für die traditionelle Struktur des Tales notwendigen Handwerksbetriebe sind vorhanden. In der sehr gründlichen und gut fundierten Zusammenstellung über *„900 Jahre Ulten / Geschichte des Handwerks in Ulten im Laufe der Zeit"* erhalten wir einen von Ferdinand von Marsoner verfaßten Einblick. Die Ultener waren außerdem – wie in solchen Fällen fast üblich – in besonderen Bereichen Spezialisten. Und nur durch diese herausragende Besonderheit und Spezialität ergeben sich Chancen über die Region hinaus. Die Ultener waren die weitum, bis nach Deutschland gefragten Spezialisten für die Anlage von Holztriften, Holzrinnen, Holzleitungen.

VAL VERZASCA / TESSIN

Die neuerdings sehr aktive Cooperative „*PRO VERZASCA*", ein Kultur- und Wirtschaftsförderverein zur eigenständigen Regionalentwicklung in diesem Tessiner Bergtal hat in der CASA DELLA LANA ihren Standort. Im alten Steinhaus gibt es eine Farbküche, eine Wollverarbeitung, Strickerei und Ausstellungen. Das Wollverarbeiten hat lange Tradition. Im Jahre 1938 gab es 122 Spinnerinnen. Heute sind im ganzen Tal wieder 77 Frauen mit Spinnen und Stricken in Heimarbeit beschäftigt. Signora *PEDRAZZINI*, Carmelina *PATA* und andere Frauen sind maßgeblich und initiativ. Im Jahre 1989 konnten im Namen des Vereins „*PRO VERZASCA*" bei 90 000 Schweizer Franken an Löhnen ausbezahlt werden. Am Dorfplatz von Sonogno können Pullover, Jacken, Strümpfe, Schals, aber auch Tessiner Keramikarbeiten und Flechtwaren erstanden werden.

VALLE STRONA

In der Lombardei, Provinz Novara, zweigt nahe vom Lago d'Orta das kleine Bergtal ab. Ein eigenes Assessorat beschäftigt sich mit dem Handwerk. Die Handwerker des Tales haben sich zu einem Konsortium zusammengeschlossen. In einem kleinen Prospekt sind
28 Betriebe der Eisenverarbeitung und
72 Betriebe der Holzverarbeitung
aufgezählt.

Altes, überliefertes Handwerk erhält erstens durch zeitgemäße Adaptierung und Erneuerung, zweitens durch professionelles Marketing, verbunden mit dem Zusammenschluß, eine wirkliche Chance im Berggebiet. Dazu kommt – drittens – die notwendige Zusammenarbeit und Kooperation mit dem Tourismus. Lokale, regionale Eigentümlichkeiten sind mehr denn je gefragt. Wer diese neuen Chancen zu nützen versteht, hat sich ein gutes Fundament gelegt.

FULPMES IM STUBAITAL

Seit 1357 sind dort Schmiede nachgewiesen. Im berühmten „*Landreim*" des Georg Rösch aus dem Jahre 1558 werden die „*Stubayr guet klingen*" genannt. Im Jahre 1675 werden 45 Schmiede gezählt, die Hufeisen, Hacken, Messer und Sensen herstellen. 1960 wurde die Vereinigung der Schmiede in „*Stubai Werkzeugindustrie*" umbenannt. Gegenwärtig haben die Stubaier Erzeugnisse aufgrund ihrer Qualität und Spezialisierung weltweiten Ruf, vor allem im Bereich der Bergsteiger-und Kletterer-Ausrüstung (Eispickel, Steigeisen, Kletterhämmer, Kletterhaken, Karabiner). Weltbekannte Bergsteiger wie Hermann *BUHL* oder Reinhold *MESSNER* sowie Wolfgang *NAIRZ* tragen zur Festigung dieses Rufes bei. „*Immer mit der Zeit gehen*" ist eine lobenswerte Einstellung. Aber beim Alten bleiben, sofern es sich bewährt hat.

Die Wiedergewinnung der Zukunft

Handwerk soll im Alpenraum, soll insgesamt im ländlichen Raum, soll vornehmlich aber im Berggebiet eines der drei Standbeine des wirtschaftlichen Lebens und Überlebens darstellen; neben Landwirtschaft und Tourismus. Nimmt die Tourismusindustrie als derzeit kräftigste und in vielen Regionen einzig bestimmende Säule den alleinigen Platz ein, muß früher oder später mit dem Kollaps, mit der monokulturellen Einöde gerechnet werden. Tourismus, Landwirtschaft und Handwerk müssen gleichberechtigte Partner sein, die sich ergänzen, die zusammenwirken, die eine gegenseitige Abhängigkeit und Durchdringung bewirken.

Ausgesprochene Tourismuszentren, massentouristische Ballungszentren verfügen – das zeigen einige dieser Touristenzentren – neben der schnellen Gewinn bringenden Hotellerie, neben Bars, Aufstiegshilfen, Nepplokalen und Kunstschneeanlagen kaum über Handwerke. Diese kommen, wie beispielsweise in Sölden oder im oberen Gadertal aus Nachbargemeinden mit weniger intensivem Tourismus. Also könnten sich in Kleinregionen, in Talschaften solche Bündnisse bilden. Der starke Bauboom in den touristischen Ballungszentren erfordert leistungsstarke Handwerksbetriebe. Also muß der Tischler aus dem Nachbarort imstande sein, den Hotelneu- oder Zubau einzurichten, muß der Zimmermannsbetrieb aus der Nachbarortschaft B den Ort A beliefern.

Ein weiterer Boom wird durch die starke Nachfrage nach dem LOKALEN, dem SPEZIELLEN hervorgerufen. Jetzt sind also wieder die Herrgottschnitzer gefragt, die Klöppelspitzenherstellerinnen, die Kreuzelstich-Tischdeckenherstellerinnen, die Wachszieher, Kupferkesselschmiede, Postkarten-Maler und die Hersteller (nostalgischer) Hinweistafeln, Lüftelmalereien und all dieser Hervorzauberer von Nostalgie und falsch verstandener Heimatlichkeit.

Immerhin, einigen Handwerkern hilft es. So verlernen sie nicht den Umgang mit ihren Materialien. Sie werden es noch brauchen können, wenn die kaschierende Dorferneuerungs- und Trachtenerneuerungswelle wieder einmal verebbt sein wird. Nach Phasen der biedermeierlich anmutenden Kleinlichkeit, dieser spießbürgerlich-nostalgischen Eigentümlichkeit, dieses Rückzuges auf scheinbare Geborgenheit und Stubenwärme, sind immer auch Phasen der kraftvollen Erneuerung gekommen. Jugendstil und WIENER HANDWERK sind solche Gegenreaktionen.

In einigen Tälern und Orten der Alpen ist diese dreifaltige Säule einigermaßen wirksam: im kleinen savoyardischen Bergdorf BONNEVAL (vergleiche dazu in meinem Buch „VOM NEUEN LEBEN" S. 123–149) oder im Südtiroler Ultental. Ähnliches gilt von St. Ulrich im Grödental, wo allein durch ihre Schnitzereien etwa 40 % der Bevölkerung leben können (und gar nicht schlecht). Die schweizerische Heimatwerkschule „MÜLENE" am Zürcher See vermittelt nach wie vor in vorbildlicher Weise den praxisbezogenen Umgang mit Holz, Textil und anderen Werkstoffen. Dort wird gelehrt und gelernt, wie der Bergbauer (für den es in der Schule gewisse Vorrechte gibt) sich seine Stubenbank, seine Holztüre, seinen Webstuhl, die Mauer, das Trockengerüst und vieles andere selbst herstellen kann. Die Maurer- und Tischler (Schreiner)-Kurse stellen überaus wertvolle Impulse dar. Der von der MÜLENE herausgebrachte „HEIMATWERKBOTE" bringt Heft für Heft sehr wichtige und vor allem nachvollziehbare Anregungen, Bauanleitungen und Hilfen. Hier verweise ich mit großer Intensität auch wieder auf die Ideen und die auf die Praxis des Drechslers und Holzbildhauers Sepp VIEHAUSER in Dorfgastein im Lande Salzburg und auf seine intensiven Bemühungen zur Neubewertung des Handwerks, seinen erfolgreichen Bestrebungen, einen repräsentativen Handwerks-Preis zu schaffen, seine vielen fruchtbaren Anregungen, im Bereich des Nationalparks HOHE TAUERN, eine HANDWERKSSCHULE neuen Typs zu schaffen. Und es kam partiell zur Stärkung des ALTEN HANDWERKS, auch im Zusammenhang mit dem neuen Bewußtsein ländlichen Bauens und dörflicher Kulturpflege.

Die Schweizer Heimat-Pflege hilft mit, daß in Gebieten mit Steindächern diese alten Steindächer wieder auf die Dächer kommen. In Südtirol zahlen die Heimatschutzverbände die Differenz von einem (billigen) Allerweltsdach auf ein regionstypisches Schindeldach aus Lärchenschindeln. So können tausende, abertausende Handwerker, Schindelklieber, Dorfschmiede, Drechsler, Holzspielzeughersteller weiterleben, überleben. So kann Handwerk auf relativ gutem Boden, sicherlich nicht auf Gold- und Geldsegen, weiterleben.

Neben der edlen Kunst Dinge zu verrichten,
gibt es die edle Kunst, Dinge unverrichtet zu lassen.
Die Weisheit des Lebens
besteht im Ausschalten des Unwesentlichen.

sella güete
turchtelen
waarn doss
niemat kimmet
zen noomenstog
pliemlen
& turchtelen
gonz alloanat
vö HONTE
wuuzlen
ummdraan
asnondrwuuzlen
inanondrdraan
zommzöpfn
afanondrleegn
asn ööfn
asnondrbrechn
vö HONTE
olle kindr
selln keemen
noomenstog
sella güete
turchtelen
SALTGEMOCHET
ha
und olm nö niemat doo
ha ?

(Übersetzung)

(so gute törtchen wären das aber es kommt niemand zum namenstag
blumen und törtchen ganz allein HÄNDISCH gewuzelt umgedreht
auseinanderwuzeln ineinanderdrehen zusammen zu einem zopf und
auseinanderlegen aus dem ofen auseinanderbrechen HÄNDISCH alle
kinder sollen kommen namenstag so gute törtchen SELBSTGEMACHT
ja – und immer noch niemand da – ja ?)

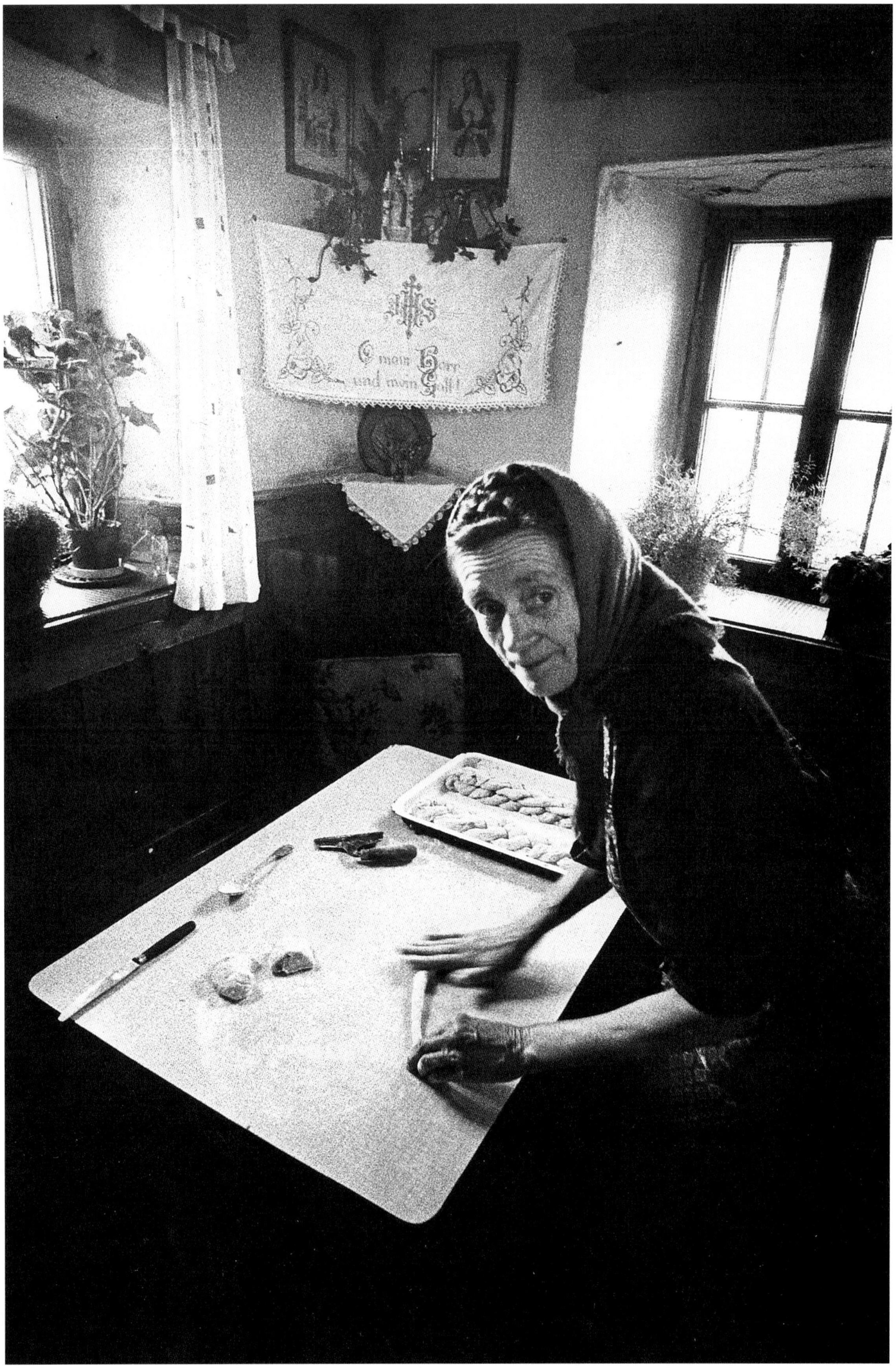
IHS
O mein Herr
und mein Gott!

Handwerk ist Kultur.
Kultur kommt von „*colere*",
das ist Säen, Jäten, Umgraben, Ackern, Ernten...

Nachträgliche Anmerkungen & Gedanken...

Ich singe das HOHE LIED auf das Handwerk, auf die Hersteller, auf die Gestalter von Holz, Stein, Leder, Federkiel, Sand, Ton, Eisen, Kupfer. Ich kann damit aufhören, das HOHE LIED immer eifriger und in immer schöneren Tönen zu singen, es zumindest zu versuchen, dieses Lied von den künstlerischen Gestaltern des Materials, der Rohlinge und dieses Umformen zu wahren Meisterwerken. Und dieses Singen und Schreiben soll allen diesen Menschen ein Denkmal setzen, die durch unendliche Geschicklichkeit, durch zähen Fleiß und geschickte Umformung des Materials die Hilfsmittel für den Menschen gestalten.

Ich singe das HOHE LIED des *„GOLDENEN HANDWERKS"*, weil es immer noch und schon wieder, vornehmlich nach langen Jahren der Verdrängung, der Mißachtung, des Mißerfolgs ans Licht gehoben wird, weil es just im Zeichen höchster technischer Perfektion, von Computer, Fax, Chips, Mikro, High-Tech neue Auferstehung feiert, wie überhaupt bestimmte Formen und Überlieferungen nach längeren Krisenzeiten in einem stetigen Auf und Ab immer wieder nach oben kommen und nach einer Blütezeit wieder verschwinden.

Das ALTE HANDWERK ist (fast) so alt wie der Mensch und so alt wie des Menschen Umgang mit Natur, mit dem Gewinnen und Sammeln, dem Jagen und Bebauen. Altes Handwerk ist somit älteste Menschheitserfahrung und auf diese Weise immer wieder neue Erfahrung und Weiterentwicklung. Wir erkennen diese unaufhörliche und immer gleichbleibende Fertigkeit des Menschen, sich aus Materialien die Erleichterungen zu verschaffen, mit Pfeil und Bogen, mit Rad und Wagen, Haue und Beil, mit Scheibe und Faden umzugehen, sich die Fertigkeiten anzueignen, sein Leben zu erleichtern. Zu nichts anderem diene das HANDWERK. Wenn es gut funktioniert, ist es schön. Wenn es aus der Funktion schön ist, wird es diese Schönheit bewahren. Schönes kehrt immer wieder. Der Pflug ist ein überaus funktionelles Gerät in nahezu vollendeter Proportion, noch übertroffen durch den vierrädrigen Wagen, gezogen vom Gespann der zusammengebundenen Zugtiere, der zur Harmonie und zur Kraft gezwungenen Tiere vor dem Karren. Das ist vollendete Schönheit. Auch die Sense ist schön, weil es ein Handwerksgerät mit mehrtausendjähriger Erfahrung und Erprobung ist, mit der ganz besonderen Art, gebogen und gekrümmt zu sein, mit der menschengerechten Anpassung, dem wohldurchdachten (weil erprobten) Anbringen der Halterung und der ästhetischen Proportionen der Sensen, Sicheln, Hacken, der Beile, Krüge, Töpfe, der Holzschuhe und Seitelpfeifen.

Ich kann nicht davon ablassen, dieses Hohe Lied zu singen und den Handwerkern mit ihrem Zeug und ihren Produkten das ihnen gebührende Denkmal zu setzen. Sie haben es verdient. Sie verdienen es weiterhin. Deswegen hat dieses Buch mehr eine ästhetische als eine dokumentarische Funktion. Deswegen ist es kein umfassend-wissenschaftliches Standardwerk, kein Aufzählen und systematisches Registrieren, Katalogisieren und Einordnen. Es soll und kann keine ergologische Fachabhandlung sein. Noch viel weniger kann und will ich mich nach dem gewerberechtlichen Kanon richten, nach den Kriterien der Handels-, Handwerks- und Berufsvereinigungen.

„HAND–WERK" sehe und verstehe ich in der weitesten Bedeutung und will den umfassenden Begriff gelten lassen. Es ist das Werk der Hände, das Formen durch die Hände, das Gestalten durch die Hände, der händische Umgang mit den Materialien, mit Holz, Stein, Erde, Leder, mit Strickzeug ebenso wie das Umklammern der Pfeife, wie der alte Bauer in selbstgestrickten (also hand-gemachten) Patschen auf der selbstgezimmerten (also hand-gemachten) Bank vor dem ebenfalls handgemachten Stubenofen sitzt und diese alten, schwieligen Hände formt, und wie die alte Frau, alt und müde, am Abend die Hände in den Schoß legt, wie sie die Hände faltet, ihre eigenen Hände umklammert, ganz anders wie der Felskletterer, wie der Scherenschleifer, der Feldmauser, der Seiler oder der Sensendengler.
Es ist das immer gleiche Hand-ANLEGEN, das Mit-den-Händen-Formen und Gestalten, das ist ebenso das Tappen nach dem Unkraut wie das Streicheln des Kleinkindes, wie das Schälen der Erdäpfel.

Ich habe keinen großen Wert darauf zu legen, wie sich die gewerblichen Handwerker in Kammern zusammenschließen und wie sie selbst definieren, einteilen und abgrenzen. Es geht auch nicht um das KUNST-HANDWERK, also um die vordergründig künstlerische Formung des bestimmten Materials zu einer ganz besonderen und künstlerisch gewollten Verformung des Materials. Ich wollte dieses breite Feld des Kunst-Handwerks, des Hochstehenden in der wirklichen Kunst wie des Nachahmenden, des Verkitschten, des Epigonenhaften genauso wie dieser erbärmlichen Verkommenheit des sogenannten „*Kunst*"–Handwerks in der Souvenirindustrie weder behandeln noch streifen, allen diesen serienhaften Umgang mit geschnitzten Wurzeln, degenerierten Herrgöttern, dieser Massenware der Verkommenheit. Ich wollte schon gar nichts zu tun haben mit der allerschlimmsten aller handwerklichen Verkommenheiten, der Wallfahrtsandenkenseuche mit diesen handgeschnitzten Plastikimitationen made in Taiwan, Hongkong oder Grödental...

Kunst ist nicht automatisch ident mit Können und Handwerk. Kunst ist die eine, diese ganz wichtige Seite des Umgangs mit den Materialien. Also konnte und wollte ich diese hochgeschätzten Künstler nicht berücksichtigen, die im Umgang mit Holz, Stein, Pinsel, Farbe, Meisel, Stemmhammer, Pinzette und Stift die höchste Vollendung erreichen. Die Holzbildhauer, die Steinbildhauer, die Maler, Grafiker, Gobelinsticker konnte ich nicht in dieses sehr subjektiv gestaltete Buch aufnehmen. Die Grenzen sind sowieso fließend. Der Erfinder der Heugabel, des Rechens, des Tragkorbes, der Holzschuhe, der Kuhschellen ist ein Objekt-Künstler. Der Schellenmacher und der Töpfer formt teilweise freihändig, ohne Schablone, ohne Zirkel und - Reißbrett. Wer das zustandebringt und gleichzeitig ästhetisch gestaltet, so daß es dem GOLDENEN SCHNITT entspricht, daß es in materialgerechter Perfektion zur Vollkommenheit gelangt, der kann sich auch unter die Künstler rechnen, auch wenn er nur ein *„einfacher"* HAND-WERKER ist.

Der GOLDENE BODEN ist wiederzugewinnen. Einige Zeichen stehen günstig für das alte Handwerk. Trachtenerneuerung und Dorferneuerung können die eine Seite der Renaissance sein. Immer hart am Hinüberkippen in Nostalgie und Kitsch. Viele „Alte" Handwerker leben wieder ganz gut davon, leben heute besser als vor zehn, zwanzig Jahren. Viele Zeichen stehen günstig. Auch durch die Abkehr von (billigem) Plastik-Spielzeug hin zu gediegenem Holz-Spielzeug. Holz statt Plastik und Jute statt Plastik. Ist das die Rettung?

Die Beschäftigung mit dem Thema ist ein überaus wichtiges Kapitel unserer Sozialgeschichte, darstellbar und dokumentiert am Beispiel der Scherenschleifer, Regenschirmmacher, der *„Schwabenkinder"*, und der Karrenzieher. Selbstverständlich ist ein Stück Erinnerung damit verbunden, eine mitunter nostalgisch anmutende Impression an eine scheinbar gute, alte Zeit. Diese Erinnerung gilt es vor der Totalverkitschung zu retten.

Ich singe das HOHE LIED und schließe mich den vielen Liedern an. Und ich danke den HAND-WERKERN.

geleebet
& gschuntn
vrmolledeit
sall wöll
insr lebtog
lei gschuntn
kindr bekeemen
geziiglt
augezööhn
longes leebm
hochgelobt & gebenedeit
von der kanzel
der orden im dritten reich
elf kinder & der mutterorden
1990 und der bauernbund
noch immer mit dem mutterorden
olte schtuuba
pfeifle
schtrickn
schpinnen
anondr di hont geebm
olte leitlen
naale & neene
neebmnondr
olles vö hont
olles genondr ...

(Übersetzung)

(gelebt und geschunden verflucht das wohl unser leben lang nur
geschunden kinder bekommen aufgezogen langes leben hochgelobt &
gebenedeit von der kanzel der orden im
DRITTEN REICH elf kinder
und der mutterorden 1990 und der bauernbund noch immer mit
dem mutterorden alte stube ein pfeifchen stricken spinnen einander
die hand geben alte leute großvater und großmutter nebeneinander
alles von hand gemacht alles zusammen

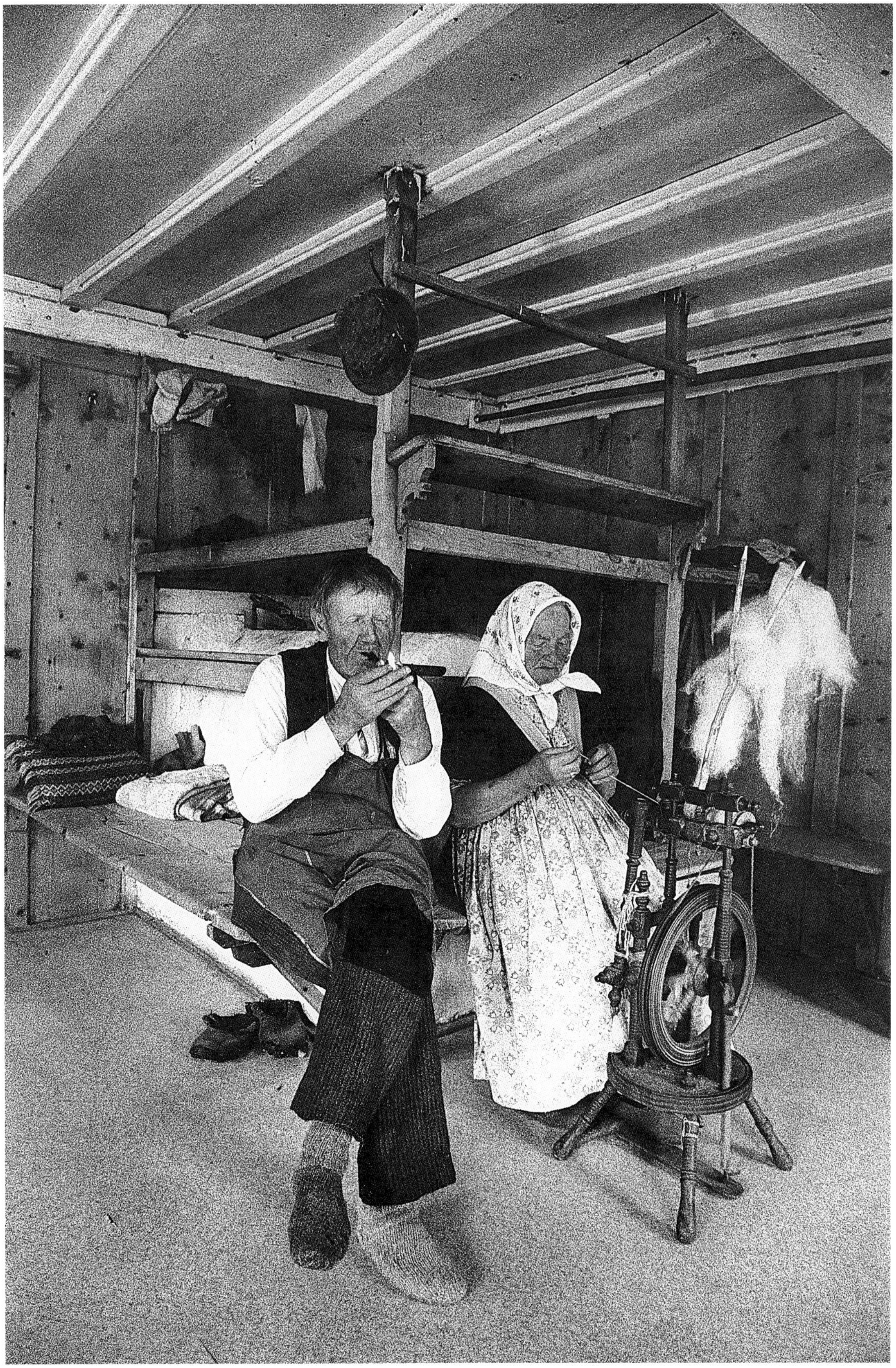

Literaturverzeichnis

Amann, Jost: Das Ständebuch. 153 Holzschnitte mit Versen von Hans Sachs und Hartmann Schopper. Insel Verlag: Leipzig 1975 (Insel-Bücherei 133).

Arm, Jean-Philippe (Text)/Grezet, Jean-Jacques: Bodenständige Berufe. Mondo: Lausanne 1985.

Ast, Hiltraud: Die Schindelmacher im Land um den Schneeberg. Perlach: Augsburg 1981.

Ast, Hiltraud und Wilhelm/Katzer, Ernst: Holzkohle und Eisen. Beitrag zur Volkskunde, Wirtschafts- und Sozialgeschischte des Raumes um Gutenstein. Trauner: Linz 1970.

Bauer, Roland: Altes Handwerk stirbt. Edition cordeliers: Stuttgart 1984.

Bianconi, Piero: Ticino com'era. Armando Dadó: Editore Locarno 1990 (5. Edizione).

Biedermann, Hans: Bildsymbole der Vorzeit. Verlag für Sammler: Graz 1977.

Biedermann, Hans: Das Buch der Zeichen und Symbole. Verlag für Sammler: Graz 1990[3].

Biedermannn, Hans: Lexikon der Felsbildkunst. Verlag für Sammler: Graz 1976.

Bini, Gianfranco: Fu Tempo nostro. Editione Virginia: Mailand 1983.

Bini, Gianfranco: Solo le pietre sanno. Edizione Virginia: Mailand 1980.

Bini, Gianfranco: Dort oben die letzten. Edizione Virginia: Mailand 1980.

Bini, Gianfranco/Glarey, Rosa: La mano insegue un sogno. Musumeci & bini editori: Aosta 1987.

Dai Monti Alla Laguna. Produzione artigianale e ertistica del bellunese per la cantieristica venezia. Comunita Montana Cadore Langaronese: Zoldano 1988.

Deltedesco, Franco: Lavori contadini a Fadóm. Instituto Bellunese, Nr. 19: Belluno 1983.

Dematteis, Luigi: Alpinia. Priuli & Verlucca: Ivrea 1982.

Dulevant, Edoardo: La Montagna. Civiltá e poesia nelle immagini. Edizioni il capitello: Torino 1988.

Fasold, Hans: Spielzeug aus Astholz. Christophorus: Freiburg 1970. (Brunnen-Reihe).

Gasser, Christoph: Trappeln, Gschuicher und andere Fourtl. Zu Geschichte, Entwicklung und Ergologie von Abwehrmaßnahmen und Fanggerräten aus dem Raum Tirol. Schriften des Museums Schloß Brunnenburg, Nr.2: Meran 1989.

Gibelli, Luciano: Memorie di cose prima scenda il buio. Priuli & Verlucca: Ivrea 1987 (Reihe „Quaderni di cultura alpina", Bd. 19-20).

Haid, Hans: Vom Alten Leben. Vergehende Existenz- und Arbeitsformen im Alpenbereich. Herold: Wien und Rosenheimer Verlagshaus: Rosenheim 1986.

Haid, Hans: Vom Neuen Leben. Alternative Wirtschafts- und Lebensformen in den Alpen. Haymon: Innsbruck 1989.

Hubatschek, Erika: Bauernwerk in den Bergen. Arbeit und Leben der Bergbauern in Bilddokumenten aus einem halben Jahrhundert. Eigenverlag: Innsbruck 1991[2].

Jorio, Piercarlo: La vita della montagna nei suoi oggetti quotidiani. Priuli & Verlucca: Ivrea 1984 (Reihe „Quaderni di cultura alpina", Bd. 9).

Jorio, Piercarlo/Burzio, Giorgio: Gli ‚altri' mestieri delle valli alpine occidentali. Priuli & Verlucca: Ivrea 1986 (Reihe „Quaderni di cultura alpina", Bd. 18).

Lelen, Elda Fietta: Con la cassela in spalla: gli ambulanti di Tesino. Priuli & Verluca: Ivrea 1987 (Reihe „Quaderni di cultura alpina", Bd. 23).

Neugebauer, Johannes-Wolfgang: Österreichs Urzeit. Bärenjäger Bauern Bergleute. Amalthea: Wien 1990.

Nitsche, Gerald: Österreichische Lyrik und kein Wort deutsch. Haymon: Innsbruck 1991.

Österreichischer Volkskundeatlas. Eigenverlag Institut Volkskunde: Wien 1968–1974.

Peesch, Reinhard: Holzgerät in seinen Urformen. Akademie-Verlag: Berlin 1966.

Pensiv, Jaques Le: Merkwürdiges Leben einer sehr schönen und weit gereisten Tirolerin. Ullstein: Frankfurt 1980 (Ullstein-Taschenbuch, 30108).

Perathoner, Kajus (Fotos)/Kostner, Adolf Andreas: Ladinisches Vermächtnis. Natur – Mythos – Bauernkultur in den Dolomiten. Perkos: St. Ulrich/Grödental 1980.

Rohrer, Joseph: Uiber die Tiroler. Ein Beitrag zur Österreichischen Völkerkunde. Dollisch: Wien 1796.

Swoboda, Otto: Alte Holzbaukunst in Österreich. O. Müller: Salzburg 1975.

Scheuermeier, Paul: Bauernwerk in Italien, der italienischen und rätoromanischen Schweiz. Erlenbach: Zürich 1943–1956.

Schmidt, Leopold: Gestaltheiligkeit im bäuerlichen Arbeitsmythos. Verlag Österr. Museum für Volkskunde: Wien 1952.

Schmidt, Leopold: Volkskunst in Österreich. Forum: Wien, Hannover 1966.

Schöneberger, Walter/Mattei, Franco: Artigiani nel Ticino. Armando Dadò editore: Locarno 1987.

Vom Tagwerk der Jahrhundertwende. Bilder der Arbeit 1870–1930. Europa-Verlag: Wien 1985.

Töchterle, Karlheinz: Stubai. Tyrolia: Innsbruck, Wien 1988.

Uhlig, Otto: Die Schwabenkinder

aus Tirol und Vorarlberg. Univ. Verlag Wagner: Innsbruck und Theiss-Verlag: Stuttgart/Aalen 1978.

URBAN, Otto H.: Wegweiser in die Urgeschichte Österreichs. Österr. Bundesverlag: Wien 1989.

WOPFNER, Hermann: Bergbauernbuch. Tyrolia: Innsbruck 1952–1960.

Kataloge und Sammelwerke:

ARBEIT UND GERÄT IN VOLKSKUNDLICHER DOKUMENTATION. Tagungsbericht der Kommission für Arbeits- und Geräteforschung der Deutschen Gesellschaft für Volkskunde. Aschendorff: Münster 1969.

2 a Biennale ARTIGIANATO DEL TICINO. Locarno 1990.

ARTISANAT TRADITIONNEL DES ALPES OCCIDENTALES ITALIENNES. Esprit art culture. Priuli & Verlucca: Ivrea 1990.

CATALOGO MOSTRA I MANI FESTI DELLA '991 FIERA DI S. ORSO. Autonome Region Aosta 1991.

DAS ALTE HAFNERHANDWERK IM LANDE TIROL. Inst. für Ur- und Frühgeschichte: Innsbruck 1990.

DAS STEIRISCHE HANDWERK. 5. Landesausstellung: Graz 1970.

DER HEIMATWERKBOTE für Handwerk und Selbsthilfen. Praktischer Ratgeber und Informationsblatt der Heimatwerkschule „Mülene" Richterswil, 35 (1991) Hft. Nr. 1 und 33 (1989) Hft. Nr. 3.

991 a FIERA DI SANT 'ORSO. Katalog der Ausstellung: Autonome Region Aosta 1991.

HOLZBAUKUNST IN VORARLBERG. Handwerk & Zunft. Tradition & Gegenwart. Katalog der Ausstellung: Bregenz 1987.

KATALOG ZUM MUSEUM BÄUERLICHER ARBEITSGERÄTE IN SCHLOSS BRUCK, LIENZ. Selbstverlag Verein Volkskunde: Wien 1957.

KLEINKUNSTFESTIVAL OBERVINSCHGAU – 1990. Organisationskomitee: Obervinschgau 1990. (Konzept und Gestaltung: Gianno BODINI).

KÖRBE UND KORBFLECHTEN. Sonderausstellung Steiermärkisches Landesmuseum. Schloß Stainz 1976.

LA FIERA DI SANT' ORSO. Priuli & Verlucca: Ivrea 1991.

LA LAINE. Amis d'Etroubles. Musumeci Editeur: Aosta 1989.

SAMMELN UND SICHTEN. Beiträge zur Sachvolkskunde. Festschrift für Franz Maresch. Verlag der wissenschaftl. Gesellschaften Österreichs: Wien 1979.

ULTNER HANDWERK. Ausstellung 1982. Gemeinden des Tales im Eigenverlag 1982.

VOLKSKUNDLICHE WANDERUNGEN DURCH SÜDTIROL: Arbeitsgespräche zur Ergologie und Gerätekunde Südtirols. Brunnenberg/Meran 1989.

VOLKSKUNST AUS DEM STEIRISCHEN ENNSTAL. Steiermärkisches Landesmuseum: Graz 1978.

Lied-Quellen:

Die Lieder entstammen den Büchern bzw. Schallplatten:

BAUMANN, Max Peter: Hausbuch der Schweizer Volkslieder. Büchler: Waber 1980.

KOHL, Franz Friedrich: Heitere Volksgesänge aus Tirol. Ludwig: Wien 1908.

ALTE LIEDER UND WEISEN AUS DEM STEYERMÄRKISCHEN SALZKAMMERGUTE. Gesammelt und herausgegeben von Konrad Mautner. Staehelin und Lauenstein: Wien (o. J.)

KOTEK, Georg/ZODER, Raimund: Im Heimgarten. Ein österreichisches Volksliederbuch. Österr. Bundesverlag: Wien 1950.

KOROSKA: Doppel-Schallplatte LP. Helidon: Ljubljana 1983.

PERSONENREGISTER

ABARTH, Johann: 54
AMANN, Jost: 37
ARNEODO: 138
AUKENTHALER, M.: 35
AUKENTHALER, J.: 35
BENING, Simon: 31
BIANCHI, Pietro: 6
BINI, Gianfranco: 6, 134
BLAMBERGER, Alois: 224
BODINI, Gianni: 6
BREIT, Bert: 53
BUHL, Hermann: 232
CAZZATO, Salvatore: 220
COMMENDA, Dr. Hans: 135
CRAFFONARA, Louis: 163
DEMERCANTI, Giorgio: 157, 158
DULEVANT, Edoardo: 140
DUSCHEK, Xaver: 144
FALGER, Johann Georg: 73
FREIDERGER, Peter: 67
FRITZ, Ludwig: 15, 16, 18, 20
GATT, Alois: 35
GLATZ: 71, 73
GORI, Pietro: 144
GRABER, Josef: 35
GRAUS, Bartl: 35
GRAUS, Joseph: 35
GRAUS, Peter: 35
GREZET, Jean-Jacques: 15
GRIMANI: 30
GRIMM, Leopold: 174
GRÜNAUER, Franz: 67, 69, 71
GURSCHLER, Rainer: 155
HAID, Alois: 51
HAID, Barbara: 6, 223, 224
HAIDEN, Wast: 20

HAMMERLE, A. J.: 28
HAUEIS, Vinzenz: 148, 150
HAUSA-SCHMIEDL: 223, 224, 226
HÖRMANN von, Ludwig: 18
HUBATSCHEK, Erika: 29
HUBER, Franz: 35
HUBER, Josef: 6
KAINER, Simon: 35
KÄLIN, Fintan: 229
KÄMPF, Daniel: 15, 20
KOSTNER, Adolf Andreas: 163
KRÖTTLI, Lorenz: 229
LÄSSER: 51
LENGAUER, Johann: 35
LE PESNIF, Jacques: 79
LINDENTHALER: 66
MAIERBRUGGER, Matthias: 29
MARIA THERESIA: 34, 65
MARSONER von, Ferdinand: 231
MESSNER, Reinhold: 232
MONZ: 73
MOTTL, M.: 10
MUNGENAST, Romedius: 74
NAIRZ, Wolfgang: 232
NEUNER, Severin: 35
NIETSCHE, Gerald: 74
PATA, Carmelina: 232
PATSCHEIDER, Max: 88, 97
PATSCHEIDER, Sepp: 151
PEDRAZZINI: 232
PENZ, Georg: 35
PENZ, Josef: 35
PENZ, Simon: 35
PERATHONER, Hedwig: 163
PERATHONER, Kajus: 163
RADL, Jakob: 35,

RAINER, Jakob, 155
RALSER, Josef: 35
REGENSBURGER, Johann: 128, 130
REGENSBURGER, Otto: 130
REISINGER, Josef: 164
REMSIG, Xaver: 220
RÖSCH, Georg: 232
ROHRER, Josef: 51, 53
SACHS, Hans: 37, 112
SCHEUERMACHER, Paul: 58
SCHERRER, Maria: 72
SCHINTLER, Paul: 230
SCHMIDT, Leopold: 28
SCHÖNACH, Johann: 73
SCHÖNACH, Josef: 73
SEEWALD, O.: 10
SIMONDI, Ambrogio: 22, 23, 26, 32, 33,
SPECHTER: 195, 196
STECHER, Jakob: 91, 94
STEGER: 125
THALLER, Luis: 189, 192
TSCHALLENER: 78
UNGERER, Josef: 35
UNTERHOLZER, Sebastian: 20
VIEHAUSER, Sepp: 234
VÖGELE: 183, 184
WALDNER, Johann: 35
WEBER, Beda: 53
WEISS, Richard: 39, 48
WIELANDER, Hans: 64
WOPFNER: 49, 50, 52
ZANGERLE, Josef: 35
ZIMMERMANN, Josef: 35
ZIMMERMANN, Simon: 35
ZÖSCHG, Sepp: 104

Ortsregister

ABFALTERSBACH: 125
ALPACH: 53
ALTAUSSEE: 223
AMSTERDAM: 66, 106
AOSTA: 102, 107, 158, 213, 214, 215, 220, 221, 222
APPENZELL: 229
AXAMS: 52
BAD AUSSEE: 10, 223
BAD ISCHL: 224
BALEN: 175
BERGAMO: 144
BERGELL: 112
BERLIN: 66, 78
BICHELBACH: 183
BIELLA: 134
BONNEVAL: 234
BOZEN: 72, 180
BRESCIA: 180
BRIXEN: 49, 52
BRUNAU: 71
CANAVESE: 144
CHARDONEY: 140
CINCINNATTI: 77
COGNE: 53
DONAWITZ: 124
DORFGASTEIN: 234
EBENSEE: 223
EHRENBERG: 49
EHRWALD: 71
ELBIGENALP: 154
ELLMAU: 35
ERL: 35
FRANKENDORF: 15
FRANKFURT: 48, 51
FRIEDRICHSHAFEN: 77
FULPMES: 34, 232
GALTÜR: 50
GADSTEIG: 35
GLURNS: 52
GOSAU: 223
GOSSENASS: 35
HALL: 48
HALLEIN: 48
HALLSTADT: 9, 10, 14, 48

HARTENSTEIN: 10
HOCHFILZEN: 154
HONGKONG: 240
HOPFGARTEN: 34, 35
IMMENSTADT: 71, 72
IMST: 51, 71, 72, 73
INNSBRUCK: 52
ISCHGL: 50
JENBACH: 35
KAPPL: 15, 16, 50, 52, 66
KEMPTEN: 72
KLEINBODEN: 35
KÖSSEN: 35
KOLTERN: 72
KRIEGLACH: 19
LÄNGENFELD: 52, 128
LANDECK: 50, 77
LAUSANNE: 203
LECHHAUSEN: 71
LEIPZIG: 79
LIEGLOCH: 10
LONDON: 66, 128
MAILAND: 213
MAYERHOFEN: 35
MIEMING: 71, 73
MÖTZ: 70, 71
MÜNCHEN: 31, 48
NASSEREITH: 72
NAUDERS: 52
NEAPEL: 51
NEUSTIFT: 73
NIEDERNDORF: 35
NIEDERVINTL: 72
NONNSBERG: 152
OBERNDORF: 35
PARIS: 66, 70
PETTNEU: 50
PLANGROSS: 51
POTSDAM: 66
PRADLEVES: 32, 33
PRAG: 66
PREMONA: 81, 231
RANGGEN: 71
RAVENSBURG: 78
RIED: 52

REUTTE: 72
ROM: 213
SALZBURG: 49
SANKT KILDA: 51
SANKT LEONHARD: 51
SANKT MARTIN: 72, 73
SANKT PANKRAZ: 104
SANKT ULRICH: 234
SARNTHEIN: 187, 192
SCHEFFAU: 34, 35
SCHLANDERS: 195, 200
SCHLEIS: 84, 88, 94
SCHLINIG: 151
SCHLUDERS: 91
SEE: 50
SÖLDEN: 233
SONDRIO: 118
SONOGNO: 232
SOPRON: 14
STANZACH: 174
STILLFRIED: 10
STRENGEN: 148, 150
STUMM: 35
TARRENZ: 35, 51
TAUFERS: 52
TAUPLITZ: 10
TELFS: 69, 71, 72, 154
TIROL(DORF): 153
TOGGENBURG: 229
TREFFEN: 223
TRIENT: 48, 49, 52, 77
TSCHERMS: 20
TURIN: 213
ULTEN: 104, 231
UMHAUSEN: 52, 128
UNTERVAZ: 229
VENEDIG: 30
VILLACH: 72
VILLGRATEN: 29
VÖLS: 71
WALCHSEE: 35
WARASCHDIN: 72
WEER: 35
WIEN: 66, 110, 124, 164, 166
ZELL/ZILLER: 35

Sachregister

Abkehrzeit: 34
Agrar-Ethnographie: 58
Anprellmacherin: 71, 73
Bär aufmachen: 29
Besenbinder: 81, 173
Bildhauer: 81
Blattner: 81
Blumenmacher: 54
Bockfeilen: 28
Bogner: 81
Buchdrucker: 81
Büchsenschäfter: 81
Dörcher: 65, 70, 71, 72, 73, 76
Drap: 214
Drechsler: 81, 91, 234
Erd-Mütter: 10
Fasnachten: 72
Federkielstickerei: 186
Feldbau: 58
Feldmauser: 15, 18, 20
Fellhändler: 51
Fingerhutmacher: 81
Flachs-Riffel: 62
Freundschaftsbecher: 102, 213
Gastarbeiter: 51
Geräte-Forschung: 58
Gerber: 48
Geschirrhändler: 71, 72
Glasbläser: 81
Glasur-Mühle: 33
Glockengiesser: 81, 145
Goldschmied: 81
Grödner Schnitzer: 54, 65
Grolla: 102, 213, 214
Hafenbinder: 65
Hafner: 81
Haftelmacher: 81
Halb-Handwerker: 48
Hallstatt-Zeit: 10
Heimatwerkbote: 234
Herrgottschnitzer: 233
Heuernte: 58
Heu-Hibler: 62, 63
Heumahd: 30
Hoanzel-Bank: 61, 63, 85
Holzschuhmacher: 81, 98, 99
Hund an' geign: 29
Hutmacher: 65, 81, 231
Kammacher: 81
Kanarienhändler: 52

Kappler Predigt: 52, 66
Karner: 65, 70, 71, 72, 76
Kesselflicker: 65, 71, 74
Kettler: 71
Klöppelstickerei: 143, 222
Knochenflöte: 10
Korbflechter: 54, 72
Krauthobler: 65
Kupferschmied: 81, 117
Labera: 72
Landgeher: 71, 72
Laniger: 65, 70, 71, 72, 76
Leinsamenhändler: 51
Leinweber: 52
Les Tisserands: 214
Liederhändler: 65
Lodenweber: 52
Lüftelmalerei: 233
Maler: 52, 208
Maronidrater: 76
Maurer: 64, 234
Messerschmied: 81
Messerwetzer: 69, 71
Mutter-Gottheiten: 10
Ölträger: 65
Ofenbauer: 64
Panzenmacher: 81
Patschanmacherin: 231
Pfannenflicker: 54, 67, 71
Pfeifertag: 224
Pflasterer: 81, 120
Postkarten-Maler: 233
Pro Verzasca: 232
Rahmensäge: 107
Reisser: 81
Regenschirmmacher: 54, 65, 71, 210, 241
Riggla rufen: 29
Roderinnen-Locken: 28
Sagfeiler: 51
Saligfräulein: 28
Sattler: 48, 81, 164, 165
Schaber: 71
Schellenmacher: 81, 241
Schellerlaufen: 72
Schemenlaufen: 72
Scherenschleifer: 65, 67, 68, 69, 71, 241
Scherfänger: 18
Schindelmacher: 81, 229, 230

Schlappschuhflechter: 54
Schleicherlaufen: 72
Schmied: 48, 152, 147
Schnapsbrenner: 206
Schneider: 48
Schreiner: 48, 81, 212, 234
Schriftgiesser: 81
Schuhmacher: 48, 81, 200
Schwabenkinder: 53, 77, 80, 241
Schwegel-Pfeifer: 223
Schweizer Heimatwerkschule: 229
Seidensticker: 81
Seiler: 48, 81, 184
Seitel-Pfeifenhersteller: 81
Sensenarbeiter: 33
Sensendengeln: 21
Sensenmusik: 28
Sensenschmiede: 21, 22, 26, 32, 35
Sesselmacher: 81
Speckstein: 114
Sporer: 81
Spulenhändler: 51
Ständebuch: 37
Steinmetz: 64, 81, 112
Steinschneider: 81
Störarbeiter: 49
Strickmacher: 48
Sonnenuhrmacher: 81
Tiroler Heimatwerk: 53
Tirolerin: 79
Tischler: 48, 81, 105, 234
Töpferscheibe: 9
Tragferggel: 62
Uhrmacher: 72, 81
Vaganten: 65, 210
Vogelbild-Hersteller: 54
Wagner: 39, 48, 81, 97
Wanderhändler: 65
Wandermusikanten: 71
Webstuhl: 52, 61, 138, 234
Wetzsteinhändler: 65
Winkeltänze: 72
Wollkartatsche: 133
Wollweber: 52
Wünschelrutengänger: 203
Ziegelbehm: 124
Ziegerbereitung: 58
Zimmermann: 48, 72, 81
Zuckerbäcker: 65
Zugferggel: 62